如何掌理方向

凡　仙／著

相見歡（調）──詞

> 相見能在書中，歡喜同
> 窗前燈下，伴你談綠紅
>
> 探哲理，賞藝術，遊西東
> 掌理方向逍遙到成功

如何掌理方向

詩

風可向四面八方吹
　春風吹紅了花蕊
　秋風吹走了炎夏
　春花秋月不停逝
　要想留住時間
　必須把握現在

風可向四面八方吹
　天空的飛機
　海洋的船隻
　都可向四面八方行駛
　要想到達目的
　必須抓住航線

風可向四面八方吹
　人生的旅程
　事業的前途
　四面八方有障有暢
　要想瀟灑成功
　必須掌理方向

處世

紅塵滾滾浪濤淘
凡事務者依理逢
瀟灑廣交天下士
從容笑溶青春風
低之成怨援之王
劣者被淘優者功
方法佳良方何正
小橋流水通萊蓬

編寫規則：

1. 本書採橫寫由左至右之方式編排，因爲眼睛是橫長而不是縱長的，左右移動比上下移動容易，視野也是橫的比縱的大，而且橫寫能與世界重要的文字接軌。

2. 行列層序，依阿拉伯數字與英文字母之大小順序交叉編排。如：1、A、(1)、a、①、(a)等，每一層序起首應低一個字。

3. 每段起頭，除冠有阿拉伯數字或英文字母者外，起首應低兩個字。

4. 詩的編排，新詩以每首編排一面或兩面。多餘空白留著。如每首詩分有段落，則須隔開一點。傳統詩則每面可排好幾首，但每首詩須隔開一點。無論新詩或傳統詩，題目字須大一點，如有插圖，應留出空位。

5. 本書中除必要者外，儘量少用別人名字，也未請任何名人作序或題字，因不想藉他人名義來提升本書價值，亦不願因本書而有負於其他的人，好壞一切我自己負責。

6. 書中插圖，除相片外，均爲作者根據詞意自畫。

7. 相片除幾張生活照外，爲使讀者瞭解寫詩時的背景情形，特將與詩有關的幾張照片也附印在此。

如何掌理方向

目　　錄

序

　　為人處世的道理，作事創業的要領，是本書最先闡述的兩項重要精神，父親曾對我言之諄諄。青少年時，對父親的話，未予重視，總是聽之藐藐，及至經過在外數十年磨練後，深覺父親以前所說的，都是至理珍言，悔恨自己無知，未能遵行，現在覺悟，為時已晚。於是想把這些至理珍言，供獻給社會及教育後代，乃有寫書念頭。在思念父親的心情之下，含淚回憶往事，愧疚追述親訓，再加入我自己數十年在外的經驗與體認，依其性質，分為六章，共成一冊，盼能有益社會及有志青年。

　　膚淺之處，尚請社會多予指正，是為序。

凡　仙 序於台北

3.17.2003

本書大概範圍

有為人作事，有思維法則
有氣質培養，有生活藝術
有兵法在用，有詩詞欣賞
旨在健全自我·奠定獨立精神
青年可用以自勵力，且作為
奮斗指針
家庭可用以自賞，且教育
後代子孫

達大著眼

從容中道

緊把握

此一

處理方針

江澤民

Dec. 21, '05

眼光要遠
格局要大
就是
遠大著眼

Jim

Dec. 21, '05

處事依理
執行以方
才能
從容中道

Jimmy

Dec. 21. '05

1. 生活照片

作者在台中公園

陳森小姐時倩影

李文乾、呂慶山、王昌裕三位同學參加生日慶典

全家福左起長女詠梅，長子詠檀，次子詠楠，次女詠桂

六十華誕與夫人及公子接受駱明道（左）
及孫以桐（左二）獻銀盾

左爲呂慶山將軍夫人，右二爲王昌裕將軍，
右爲陳永麟，同觀壽星夫婦切蛋糕

註：呂慶山及王昌裕二位將軍爲作者軍校二十期砲兵隊同學；
　　孫以桐駱明道陳永麟三位爲作者任職砲三團連長時之幹部

長媳鍾淑蘭與最小的孫子

前排左起為次女婿歐陽德明詠桂夫婦及外孫，作者夫婦，孫
女及外孫女後排左起為次子詠楠，次媳王玉琴夫婦一家四
人，右為長女詠梅

作者對大眾講話

作者在家聽音樂

2.後面詩中的幾張背景照片

眷村改建作業

在武陵農場度假

舉辦地方春節活動及申請眷村改進

軍校同學會

來到地球另一端

盛開的花已謝了很多

昨日的詩，也成了舊作

在東南亞旅遊考察

歲月催老了人生，催不老我的思念

露滋潤草木人心，讓百花艷紅

歐洲春暖冬仍霜

在南京玄武湖畔，青春作伴好返鄉

這裡小橋流水，楊柳依依，很像我生長的地方

仙島一棲息，世時大變遷

純純欵欵似初苔

在歐洲旅遊考察

在美國旅遊考察

緒　論

　　人生最重要的觀念，是對人生觀要有正確的認識，瞭解人生是幹什麼的，該怎麼作，才對得起父母，才對得起國和家，才對得起人類與社會，才對得起自己這一生。

　　有一些人頭腦很聰明；但其行為，卻有時很糊塗，這是因為他們對人生觀的認識不正確，把聰明用錯了地方，也可以說是只有聰明，沒有智慧。

　　本書介紹為人處世的態度、作事創業的要領、培養氣質的方法、如何思考事情、以及如何生活等等。這樣，就不會迷失方向，而能邁入坦途，走向成功。

　　我寫這本書，並不是說我已能全部做到。就因為我過去有很多未能做到，今日才有這些覺悟的體認，假使我過去都已能做到，今日可能就不會有這些深刻的體認了。

　　戴爾．卡內基（Dale Carnegie）寫了很多智慧型的書，他曾說：「我寫這本書，卻仍常常覺得無法完全應用我自己所提倡的原則，必須時習不忘、自勉自勵、成了習慣，才能應用自如」。可見他也不是都能自己先做到，然後才寫成書，而是以他的智慧，從現實生活中得到的真理與體認。

再者，我國孔孟學說、孫子兵法、西方兵聖克勞塞維茨著名的戰爭原理與戰爭論等，也都是他們智慧的體認。

本書內容，有我父親　良信公的訓示，有本人在外數十年的經驗與體認，有讀書所得，內容眞切而實在，絕不是一種虛浮的水上雲煙。希望對在事業旅途中即將起航或已在航行中的有志青年，能用以作其掌理方向的指針。

第一章
為人處世

小引

　　人不能脫離群眾而單獨生活，有群眾才有互助，有群體就有資訊，有資訊才能進步，生活才有意義。如果一個人在與世隔絕的環境中單獨生活，恐怕就難以生存。

　　旣然不能脫離群眾，自然就有人際關係。有人際關係，首先就必須確立我們自己的爲人處世之道，下面就是我們所要探討的在群體社會中生存發展應有的爲人處世態度與觀念。

1. 有責任有作爲

　　「人生是有責任的」，這是父親對我常說的一句話，他並加強說：

　　「對受其惠者，應懷感恩；對需要照顧者，應予扶助。對長輩有孝敬之責，對家人有照顧之責。文明對人類生活有很大貢獻，我們對文明進步，也應盡到人類一份子之責。又人爲萬物之靈，對大自然，也應盡到愛護與保育之責。還有作事要負責，講話要負責，仔細想一想，要負責盡責的地方，實在不少。這些責任，究竟能作到甚麼程度，那就要看一個人自己的造化與能力而定。最低限度，也要作一個對國家、社會、人類有益的人，不要作一個拖累別人，而要別人爲你負責的負面的人。從前黃巢造反時，說了兩句話：「不能流芳百世，就要遺臭萬年」。依

我看「如無能流芳百世，也不可遺臭萬年。」

人生是有責任的，我們應深切體會這一句話。

「既有責任，就當有所作為。」父親繼續說：

「人生要作的事很多，先談五大基本追求。現在用一個「仙」字來解說，比較容易記住。古人造字真奇妙，這神仙的「仙」字，一般人都解釋為山人，以為神仙都是在深山修練的，所以用山人來稱仙，我卻另有認識：

第一筆：開始在左上的一撇「丿」，是與人最先接觸的第一印象，代表「儀態」。

第二筆：是在左邊撇下的一直「亻」，像是整個字的支柱，代表「健康」。

第三筆：是中間的一直「亻」，有頂天立地的氣概，代表「才華」。

第四筆：是內部的一直連帶轉過去的一橫「亻山」，代表伴侶和家庭。

第五筆：是最後右邊的一直「仙」，在內有伴侶和家庭的支持，對外是海闊天空的前途，代表事業。

這儀態、健康、才華、伴侶和家庭以及事業等，是人生的五大基本追求。如能做好，一生似神仙，應好好為之。」

談到事業，父親很感慨地談起他的過去：

「我（父親自稱）是在父親（你的祖父）去世幾個月之後出生，沒有兄弟姊妹，在這窮鄉僻壤的鄉村，與母親

（你的祖母）二人相依為命地過著孤兒寡母的生活。因地方經常淹水，治安又不好，時常在外地逃荒。求學方面，只斷斷續續地讀過幾本古書。雖曾學過算命、看相、堪輿，也略識一點中國醫藥，但都不足以糊口。平常所接觸的，都是農人、農事，為了全家人的生活，只能與你媽媽辛苦地在農地工作。鄉下的人，有時心中也想作很多事，只是心有餘而力不足。德山（我的乳名），你要有所作為，在你的人生責任上，一定要作出幾件有意義的事，不可糊糊塗塗地過一生，更不可窩窩囊囊地過一生，總要對得起自己，對得起國家和社會。孟子說：「窮則獨善其身，達則兼善天下。」我算是前者，你應以後者為目標。」

今日思之，愧對斯言。

2.遠大著眼

人要立志，立志就是決定將來要作什麼事，為了能抓住未來，立志要遠；為了要能服務人群，立志要大。也就是要遠大著眼——眼光要遠，格局要大。關於此點，父親的訓示如下：

「你的將來究竟準備作什麼？該怎樣作？要好好地仔細想一想。不過我要告訴你，天下的事，只要是善良的，沒有不能作的。只要方向正確意志堅定，方法適當，再加上努力，沒有不能成功的。但在心理及才能上，要具備兩

點：

A.要有作大事的志氣：

孟子說：「彼丈夫，我丈夫，吾何畏彼哉？」意義就是說，別人能的，我爲何不能？別人做得到，我也應該做得到。

有人說，大才作大事，小才只能作小事，這是不對的。要知道人的才智，除少數特殊者外，一般人的差別並不太大。而成就不同者，是幹的方式，造端大小與機運不同所致。事情的難易，無論大小，作起來都是要努力的。其用腦情形，都是一樣的。猶如獅虎搏牛用全力，搏馬亦用全力，只是所用的對象與範圍不同而已。例如，我每日在農事上動腦筋，大人們則是在他們的職務工作上動腦筋，遇到困難時，都要絞盡腦汁，其用腦的程度，並無兩樣。而且我用腦後，還須用體力，較諸大人們的努力更甚。因此，小才作大事，成就不會小，大才作小事，成就也不會大。現在我再舉一個眞實的事例：

隔鄰的船桂伯伯，他很聰明，在這裡數十里周圍中，沒有人下棋能勝過他。他的心算也很好，別人用珠算都算不過他。他有一小塊地，緊靠溪邊，他就在那塊地上挖一個小坑，沿著溪流的上下兩處，各開一個口，讓溪水分流，經其坑內，因之，溪魚也隨之進出其中。他抓魚時，先將下口用竹網卡住，再將上口堵實，水只

能流出不能進，流到快見底時，開始抓魚，只需費一個
小時左右，就可抓魚兩斤多。抓魚後，再將上下口打
開，次日又來抓。不過都是小魚小蝦，每天都有魚吃，
還可以賣一點。坑內也種有蓮藕，他就是在那泥坑裡抓
魚蝦、採蓮藕地過了大半輩子，現在還要繼續過下去，
要是他能將他的聰明，用在大一點的事業上，相信以他
的聰明，在成就上應不只是一個天天在泥坑裡抓魚蝦、
採蓮藕的小農民，一定也能澤惠很多人。

B.在才能上要有一項特長：

　　人類相處，有互助，也有競爭，要想每樣都勝過別
人，是不可能的。一定要有一項強過別人的長處，才能
出人頭地。孟子說：「出乎其類，拔乎其萃」，就是這
個道理。特長也可以說是一個人在工作上的靠山與保
障，如果毫無特長、平平庸庸，不但不能出人頭地，在
社會上，還很難站穩腳步。」

　　上面是父親訓示的兩點，現在我要再補充兩點：

C.要站上適當舞台：

　　一個演員要有好的舞台，才有好的表演；一個人
才，也要有適當的工作場所，才能發揮其才能。再好的
人才，如果沒有適當的職位，就是英雄無用武之地。但
要獲得適當舞台的方法有三：

⑴是靠自己的能力，博得他人的重用，所謂好馬遇上伯
　樂。

⑵是靠自己對前途狀況，不停地判斷與掌握，走這一
　步，就要預計下一步。

⑶是自己創造機會。諺云「時勢造英雄」，但英雄也能
　造時勢，一位英國的哲學家——培根（Francis Bac-
　on）說：「聰明人所造成的機會，遠比他自己所要找
　的機會多。」古馬其頓國王亞力山大（Alexander the
　great）每當有人問他「機會」時，他就怒吼著說：
　「機會？看自己創造。」蕭伯納（Bernard Shaw）在
　他所著「華倫夫人的職業」中有一段說：「人們總是
　責怪環境造成他們的現況，我就不相信。一個頂天立
　地的人，都是自己站起來，走出去尋找他們自己所要
　的環境，如果找不到，就自己去創造。」

　　機會到處都有，只有怯懦者，是在等待機會；只
　有失敗者，會說沒有機會。機會就在日常生活行動之
　中，只是你沒有注意到它，不去抓住罷了。在李模先
　生「開拓靈性的人生」書中，也引用了一則很好的英
　文成語：「An optimist sees an opportunity in every ca-
　lamity whereas a passimist sees a calamity in every op-
　portunity」意義就是一個樂觀進取的人能在每個困境
　中發現機會，一個悲觀頹喪的人，卻在每個機會中看
　到困難。

D.**自己創造事業：**

　　別人給予的舞台，如果難得或不適合，就當自己創

造事業。

　　天是那麼高，地是那麼厚，太空是那麼廣泛，世界是那麼遼闊，物類是那麼眾多複雜，社會是那麼繁榮微妙，人類又有那多迫切需求。該有多少工作可做，該有多少事業可以創造，可以發展。只要主動積極、靜觀細思、不怕難、敢嘗試，就能建立自己的舞台，創造自己的事業。

　　綜觀古今中外，很多偉人成功的事業，都是他們自己創造的。舞台可以自己搭建，只有傻瓜、笨蛋，才等著舞台從天上掉下。

　　記著：

　　淺水泥坑，出不了蛟龍，最好運，只能找到鰍類；

　　廣大社會，有的是舞台，把握住，可以造福人群。

　　職務有時看別人給予，

　　成功完全靠自己作爲。

3. 釐訂計劃提前準備

　　計劃是對要作的事，將其執行方式、方法、步驟、時間、地點及可用力量等，作有秩序、有系統的安排。內容愈詳盡愈好；顧慮愈周全，愈有價值。

　　父親常說，「作事一定要有計劃，決不可毫無計劃地作事，更不可在倉促情形之下被迫作事或下定決心。」

　　即使訂有計劃，在執行時如感到不妥，也應立即修

正，直到滿意爲止。又如情況改變，計劃也應適時修正，
以適應情勢。

　　旣然決定要作甚麼事，就當立即擬訂計劃。計劃擬妥
之後，接著就是準備，準備並且要提前完成，以免措手不
及。無計劃的作事，會雜亂無章；無準備的計劃，會手忙
足亂，結果都會導致失敗。因此，計劃是執行的先鋒，準
備是計劃的完成，計劃與準備一體的。

　　凡事依計劃是上策，但有時事出突然或臨時事件，而
無法事先計劃時，則應冷靜從容，依「理」行事。此時，
「理」字是最高準則。

　　關於提前準備的觀念，父親特別重視，猶記得在我當
初離家時，父親挑著行李，送我到碼頭，臨上船時，猶不
忘地說道：「兒呀！今後你要自己保重身體。作事一定要
事先計劃，提前準備。即使在外行走，也要提早投宿，不
待日暮。」

4.實行靠自己

　　凡事必須實行，才有結果；如不實行，理想再好，計
劃再週，都是枉然，無從成功。我在一本書上，也讀到一
段勉勵實行的英文成語：「Thinking well is wise, planning
well is wiser, doing well is the wisest and best of all」。意義
就是「聰明的人可以提出好的構想；更聰明的人，提出好
的計劃；最聰明的與最好的人，則是實行。然則究竟怎樣

才能起步實行呢？父親說：

「實行靠自己，力行可得答案。自己的路自己走，自己的事自己做，自己的計劃，自己實現。以前有一首歌詞是這樣寫的：

「一不是神仙

　二不是皇帝

　只有自己靠自己

　不自立的寄生蟲

　就該餓死。」

這首歌詞很好，你應該牢牢記著，尤其「自己靠自己」這句話，更是鐵的定則。就以我們父子之間來說，你靠我不著，我也靠你不著。還是自己靠自己靠得著。」

後來事實證明他的話說對了，我對恩重如山的父母，實在未盡絲毫報恩之責。每念及此，痛澈心扉。

在一本創造機運的書上，曾引用過德國詩人歌德（John wolfgany Von gothe）的名言：

「舉凡該做的事，即使只是夢想，也應大膽開始，因爲膽識本身，就含有才氣、力量與神奇。」

我在胡適文選中，也讀到一個外國青年的一首詩

「I fight alone and win or skink,

　I need no one to make me free,

　I want no Jesus christ to think

　that he could ever die for me。」

　　我獨自奮鬥，成敗自己負責，

　我用不著別人放我自由。

　　我不妄想耶穌基督

　能為我贖罪而替我死。

　　這首詩更充分說明了一個人要靠自己，自己的一切自己負責，不要依賴別人。

　　談到這裡，我又想起華德．迪斯耐製作的一個影片——熊的家庭——的故事。

　　熊媽媽帶著熊寶寶過日子，熊媽媽教導熊寶寶如何打獵，如何爬樹，如何面臨危險時保護自己，等到熊寶寶長大都學會了，熊媽媽就帶著熊寶寶走到一處很遠的地方，指著一棵樹說，這棵樹很高，你爬上去看看，等熊寶寶爬上了樹，熊媽媽掉頭就很快地走了。這是熊媽媽訓練熊寶寶自力更生的方法，也是一般動物一代接一代的生存法則。

　　父親又說：「不但作事不能靠人，就是靠人幫助你，也是一種很困難的事，因為別人不一定有能力幫助你。即使別人有能力幫助你，有時可能因各種原因而不便出力者有之。所以只有自己靠得著。」

　　父親又惟恐我對人際關係有所誤解，繼續補充說：

　　「我們不依賴別人，但如別人有困難，我們如能力有夠，則當伸出援手。因為朋友之間的交往，不是以從對方獲取利益為目的，而應以支持、鼓勵、提供意見及幫助對

方爲心願。」

　　父親的這些諄諄教誨，我應深深牢記在心，付之實行，以不辜負他的希望。

第一章　小結

　　有責任有作為
　　遠大著眼
　　釐訂計劃提前準備
　　實行靠自己

第二章
作事創業

1. 當事慎當時強

　　面臨事情時，不能輕忽，應慎重其事。如一出錯，就會導致全盤失敗，最好辦法是先冷靜一下，瞭解事情眞相及狀況，然後依理處置，這就是當事慎。

　　以前我們家中廳內有一對聯——諸葛一生惟謹愼，呂端大事不糊塗。父親解釋說：

　　「人言諸葛亮能神機妙算，又有人說他太大膽、太冒險。其實他是一個非常謹愼的人，雖然草船借箭、空城計等，都是冒險行爲，但以他的智慧來說，都是對當前情況非常瞭解，而且經過詳細分析、評估，認爲合理、可行，而且成功機率很大，才付諸實施的。呂端也是一個很謹愼的人，對重大事情，決不馬虎，總是愼思明辨而後行。諸葛、呂端這種謹愼的風範，我們應該學習。」

　　決而不愼則誤事，愼而不決則誤機，當事愼也得要當時強，當時強有兩種意義：一是把握時機，在適當時機作出決定，以掌握瞬間即逝的機會。二是凡事都要在當時做好，不可留待爾後彌補。所謂「該做的事，就應把握當下。」如做不好，想留待爾後補救，只會留下後悔。要知道後悔是於事無補的，後悔只是對事情的一種追悼。只有弱者，才會後悔，強者都是當時強，是不會有後悔的。」

　　父親又告訴我說：

　　「作事要當時強，這裡我舉兩個最不能當時強的人物

給你聽：一是曹操，二是司馬懿，當時周瑜用反間計，曹操不察，在一時衝動之下，殺了自己的水軍元帥蔡瑁、張允，造成無可挽回的後悔。司馬懿遇到孔明的空城計，也不能當時強，以致貽誤戰機，所以我們要特別注意，凡事要當時強。」

當事慎當時強，在程序上是一前一後，在運用上是相輔而成，兩者猶如合璧。倘如「慎」與「強」不能平衡時，其原因多半出於對狀況不明所致，此時宜以「情」與「理」二者來判斷，凡事之不近常情者必有詐，凡事之不符常理者必有異，根據「情」「理」，究其詐異，佐以旁證，不難窺其真貌。孫子說「知己知彼，百戰百勝」，狀況一明，「慎」「強」自能運用自如。

如果慎而不能決時，寧可決而不慎，西方兵學家克勞塞維茨（Carl Von Clausewitz）曾說：

「在行動中，常有「最謹慎」與「最大膽」兩者供我們二選一。爭議雖不能確斷，但在理論上的觀點，還是站在後者一邊的成份居多。

在曾胡治兵語錄上，胡林翼先賢曾說過一句值的我們面臨疑難時的裁判名言：

「凡事算到五分六分，便須放膽放手。」

我記不得是在哪一本雜誌上也讀過一段值得我們遵從的哲言：

「These great things of earth are not for the doubters; The

universe belongs to the sons of strength.」

　　意義就是：猶疑怯懦不能成就偉大事業，天下惟強者居之。

　　當事慎當時強，就是在可能的時間內盡量謹慎。

2.從容中道

　　萬事臨裁須揆理，一幾初動務衡終，是我的處世作事原則。在前面也曾提到要依理處事，但事實上因各種狀況，有時依理難以執行者。強者無論阻力如何強大，無論時間如何促迫，永遠不會放棄正理。只是在執行上，另外研究可行的方法。此時，頭腦要冷靜，所謂寧靜致遠；態度要從容，所謂從容中道。尤其思考要從容，從容就是氣定神閒，掌握方針，不慌不亂，運用理智，研究方法來處理事情。中庸上說：「誠者，不勉而中，不思而得，從容中道，聖人也。」

　　研究可行之道，可從容地從多方面著想，曲線就是直路，甚至可從對方的利益上研究。一種巧妙的可行之道，可能涵蓋情、理、法三者，這種用精誠結合理智的方法，就是道。道者，道路、方法、道德、道理。中乎道，就是處事合乎道理。關於此點，父親曾對我說：「處事要依照道理，執行須講究方法。」並說了兩個故事：

「A.本村東邊趙先生有三個兒子，同住在一個四合院內，趙先生同夫人住在正廳東房，老大住在正廳西房，老二

住在東廂，老三住在西廂，三兄弟都已結婚，且都生有小孩，妯娌之間，常爲孩子之間的事，鬧得不愉快。老二個性孤僻，很難與人相處。老三個性直爽，凡事都是直來直往。因之老二與老三常常發生爭吵、衝突。老大智慧很高，作事總是講究方法，每遇老三發脾氣時，即對老三說：「三弟，孩子們太小，不懂事，眞該管教，可直接告知其父母管教，效果比較大。至於二位嫂嫂有時發脾氣，致你不愉快，我很難過，以後如有不滿的地方，請直接告訴我來勸說，免得你生氣。」所以老大一直與他們都處得很好，頗獲信任，這就是運用方法的效果。

B. 聽說從前龐涓與孫臏同拜鬼谷子爲師學兵法，鬼谷子要先面試及格，才能讓他們入學，龐涓抽籤先進廳內應試，鬼谷子坐在廳內，出的題目是能把他請到屋外。龐涓說：「夫子，我從外面進來時，正有一位客人在外面想見夫子，他挑了很多東西，又不能進來，請夫子先去見客人後，再來考試，我在此等著。」鬼谷子想了一下，即說：「這個客人，我不想見他。」龐涓又想了幾種辦法，都請不動鬼谷子，鬼谷子說：「你只能算是備取。」

　　隨後輪到孫臏，孫臏說：「夫子，你這個題目太難了，要我把你從屋內請到屋外，我實在沒有辦法，若是叫我把你從屋外請到屋內，我卻可以辦得到。」鬼谷子

一聽便說：「好吧，就讓你把我從屋外請到屋內吧，」等到鬼谷子一腳踏出門外，還想收回時，孫臏馬上向鬼谷子跪拜：「夫子，我考取了。」

這個故事，只是鄉里間的一種茶餘飯後的傳言，其真實性，姑且不論，但它卻說明了講究方法的效力。」

最近坊間正流行著兩則很好的哲言：「有困難，就是能力不夠；有麻煩，就是方法不對。」由此，可知使用方法的重要性。惟方法必須是執行正理。不論怎樣運用，總不能脫離「理」的原則。從容中道就是以誠、以理、以智的行事方法。讓原則的執行，臻於最高境界。

3. 集中力量打向一點

軍事上的作戰原則，很多都可以用在社會上各種事業的奮鬥中，所以我國的孫子兵法、西方兵聖克勞塞維茨（Carl Von Clausewitz）的戰爭原理、法國福煦元帥（Ferdinand Foch）的戰爭論等，都有很多原理原則被用在各行各業的經營，或政治、經濟、外交等的發展中。集中力量打向一點，本是一種戰法，即是對敵作戰時，要集中力量打向一點，造成局部優勢，以獲得全盤勝利。理論就是集中的力量比分散的要大很多。

設以敵我兵力相等來論，敵須（或誘使其需要）多方使用兵力，我則集中力量於一點，敵分我專，對仗時，我就是以眾擊寡，自然容易奏功。然集中並不是要將兵力置

放於一處，而是將戰力發揮於一點，也就是「集中力量，打向一點」的戰術。

劣勢兵力，更應以集中方式，造成局部優勢，以戰勝敵人。昔日普魯士腓特烈大帝（Ferderich The great）曾說：「我以一翼抵抗敵人，而於進攻的一翼則加強兵力向敵猛攻，此時敵雖大軍十萬，遭此側翼重擊，就可能被三萬人擊潰。當時腓特烈大帝就是用這種斜形陣法（Schiefe schlachtandnug），大破優勢奧軍於類騰（Leuthen）。

克勞塞維茨在其所著戰爭原理（prinples of war）第一篇一章中就有一個規律：「在預期與敵決定性打擊的一點上，儘量集中強大兵力，寧可在他處忍受痛苦。」又從毛奇（molthe）上德王的奏摺中（在福煦元帥戰爭論第四章）可發現毛奇、拿破崙（napoleon）等，都是極力使用強大兵力於一點，一舉而決勝負。

作戰作事，道理是一樣的，集中力量打向一點，不僅在軍事上獲得極高評價，即在各種事業中，亦是一種很好的經營奮鬥戰術。

現以選舉為例，如發現某一地區有很多票源，就應集中力量在競選上拿下此一地區。如發現某一政見能獲得選民認同，就應集中力量在宣傳上打響此一政見。如發現某一策略可以運用，就應集中力量來實現此一策略。

父親常對我說：「作事要精神集中，用錢要重點集中。」凡事都應集中使力，集中使力就是在關鍵的一點

上，適時使用足夠的力量，事情才容易成功。

　　集中力量打向一點的原則，運用甚廣，宜善爲運用，唯有集中，力量才大；唯有打向一點，效果才著。

4. 重兵突弱關

　　重兵突弱關，也是一種戰術運用。作戰有重點，攻擊重點，是指向敵人最脆弱之點。敵人最脆弱之點，亦即我方最易成功的關鍵之點。突破此點後，敵未退則蓆捲敵人，敵撤退則深入追擊，使其潰不成軍，所以稱爲弱關。

　　上段集中力量打向一點，究竟要打的是哪一點呢？就是我們現在所要討論的弱關。對於此點，宜以強大兵力突破之，而且最好是以奇襲方式突擊之，更易成功。

　　一次大戰時，協約國聯軍總司令福煦元帥在其所著戰爭論第十章——攻擊點之選擇中，有這樣一段：「戰爭中可能發現敵人最感痛苦之處，此即我軍最初稱敵抵抗力最弱之點，此點對我決戰成功之機會最大，宜以勢如山崩之突擊部隊猛烈攻取之。」這就是重兵突弱關。

　　弱關的發現時機有二：一是在開戰前，從地形、偵察、搜索、分析、研判中發現。另一則是在戰爭進行中，從敵之抵抗力、部署等情形中發現。如係戰前發現，當然列爲我攻擊重點之目標，如係開戰中發現，就須以事先計劃的兵力，加強其攻勢以突破之。

　　從美軍第三軍團戰史中，得知二次大戰時，美國名將

　　巴頓將軍常在開戰之初，即展開全面攻擊，一是迫敵使用其預備隊，二是探尋敵軍弱點之所在，如一發現其弱點，即使用裝甲及摩托化部隊猛烈攻擊以突破之，然後蓆捲敵人第一線或深入追擊，以擴張戰果，獲取全盤勝利。

　　重兵突弱關，也是一種很好的「作爲」原則，吾人作事，往往有一個習慣性的畏懼——頭難（開始難），所謂樹大根深，叫樵夫如何下手？所以商朝傳說以「知之匪艱，行之惟艱」的警語進誠高宗要注重「行」（書經說命篇），智者惟恐世人誤會爲「知易行難」，乃提倡「行易知難」學說。其實兩者都是想克服一般人的「頭難」之懼。重兵突弱關這一原則，啓示我們作事要加強力量，從最容易之處下手，這也是「登高自卑，行遠自邇」的道理，遵循此一原則，自然就不會有「頭難」之懼，最易成功。

　　記得父親常對我說：「作事要專一，如有很多事情要作時，我們不能同時作幾件事情，應依其輕重難易，分出緩急，各別予以完成，重要的先作，容易的先作。」重兵突弱關，不但成功容易，而且所得的果實，還特別豐碩。

第二章　小結

當事慎當時強

從容中道

集中力量打向一點

重兵突弱關

第三章
優良氣質的培養

小引

不論是為人處世或是作事創業，都要有一個健全的自我，要有健的自我，就須先有一種好的氣質，今天我們就來討論良好氣質培養的問題。

氣質是什麼？它的英文是 disposition，是一個人的特有性格。氣質好的人，能獲得別人對他的好感。因之，可建立良好的人際關係。人際關係好，是一個人成功的資本。尤其在民主時代的今天，更是應該走群眾路線，擁有群眾才能發展理念，縱然我們不必特別為某一目的而故意去爭取群眾，但能獲得群眾的信任，是一個人在人格上應有的權利和光榮，人人都應該珍惜和擁有。凡遇一人，自己決不可做一個被討厭的人，應該是凡多遇一人，就能多結一個善緣。這就要靠具有優良的氣質，讓人喜歡你。

氣質本是天生的，但也可由後天培養，古人說：「腹有詩書氣自華」就是說胸腹有學識、才華的人，外面自然就有優良的風度，這就是培養出來的氣質。然則氣質應如何培養呢？可從正、孝、悟、修等四大要素著手。

1. 正，以正建信

立身於世，第一品德就是「正」。正就是正大光明，要讓人認定你是一個正人君子，自然產生一種信任和敬仰。大學上說：「欲正其心，先誠其意」，一個人的一言

一行，一個舉措，都要出之至誠。有一些人非常虛偽，其
行為常常是含有另一目的，言語行為不能內外一致，外面
是在作此，內心卻是在為彼，這是偽君子，讓人的感覺，
就不是正大光明。不正大光明的人，絕對不能長久受人信
任。只有正大光明的人，在群眾心目中的信譽，會永遠屹
立不搖，我們應該做一個誠實無偽、光明正大的人。

　　我曾被一些地方人士推出來參加地方自治的基層選
舉。當時競爭非常激烈，我共參加過三次競選，第一次有
三人競選，第二、三次都是二人競選，我三次參選，三次
都是高票當選，沒有一次失敗，而且我在競選時，並不像
其他候選人一樣喧囂擾眾，拜票像在示威遊行。我只是組
成必要的拜票小組，按地區或挨戶宣揚我的競選主張及政
見或擇地發表演講。所以在第一次當選後，就有人送我
「氣定神閒、掌握方針」的匾額。第四次地方改選時，有
意參選的人都打探我是否還要參選，並說：「如果何某參
選，我們就不參加」，都怕與我對選，他們稱我為參選勝
將，但從第四次以後，我就不參選了。有些人來問我競選
的要領，並問我有什麼祕訣？我說參選的祕訣只有四個
字，那就是「正大光明」。有一些人競選時的言語行為，
花樣百出，甚至做出賄選。所提政見，只要是對選民有誘
惑感的，都開出支票，至於合不合理，將來能否兌現，那
是另一問題，現在不管它。讓人一看就知道是只求當選不
擇手段的人。我的競選言行，一切正大光明。所提政見，

實實在在，合理可行，且適合選民需要。不買票，不亂開支票，再加上我平時就被地方認爲是一個有正派氣質的人，所以凡選必勝，所向無敵。尤其在當選就任後，朋友們還提醒我要防備失敗的對方，暗中搞蛋，把我弄垮，以報其競選失敗之仇。我的回答是：「坐得正，站得穩，行得光明，神鬼不怕。」我的工作伙伴及幹部們，也都感染到我的氣息，每遇到謠言或干擾時，也都會立即唸出「坐得正，站得穩，行得光明，神鬼不怕」的護身符，於是這十四個字，就成了我們服務的避邪牌，這是正氣的力量，更是一種高尙的氣質，應在人格上予以培養。

2.孝，以孝齊家

　　孝是孝順，是尊敬長上與和悅有禮的行爲。以孝齊家，就是以孝道培養家庭之中孝敬和樂的氣氛。古人教育子孫，課以「灑掃庭除」之勞，喩以「應對進退」之禮，並令其知道，「出必告，入必面」的孝道規則。家中如能重視孝道，就會自然養成出孝敬、活潑、和悅、有禮的氣質。古人云：「忠臣出於孝子之門」其實聖人也出於孝子之門，如大舜、孟子等，都是大孝之人。人有孝心，就會有上進心，知所感恩。家有孝道，就會和樂興旺。所以對不知感恩沒有禮貌的人，社會上就會罵他是沒有受過家庭教育的人，這是一句很侮辱的重話。

　　培養孝道要以身作則。

　　從前有一個人要他兒子幫忙把重病的父親裝在籮筐內抬到山中丟棄後，教他兒子同他趕快回去，他兒子說要把那籮筐拿回去，他說那籮筐不要了，他兒子說將來我還要用那籮筐抬你。他聽後即感到他兒子將來也不會孝敬他，即與他兒子又將他父親抬回去了。這真是一個很好的孝道教育。

　　前一段時間，我應邀到一位郭姓朋友家作客，他們夫婦只有一個兒子，現已結婚，兒子在一家紡織工廠上班，媳婦在一家會計事務所工作。我與郭先生當時在他的客廳談話時，從外面推門進來一位年約卅歲的年輕人。「這是我的小孩，現在下班回來。」郭先生向我介紹他的兒子。

　　「這是何伯伯，是我的好朋友，過去我們曾在一塊兒工作過一段很長的時間。」郭先生又向他兒子為我介紹。

　　「何伯伯好！」年輕人對我禮貌性地點頭，然後即往屋內走。

　　「你替我買的胃藥呢？」郭先生問他的兒子。

　　「啊！忘了，明天一定買。」年輕人回答。

　　過了一會兒，年輕人從屋內往門外走，在開門時，郭先生追問：「你到哪裡去？」

　　「有幾位朋友在外面等我，我要去和他們辦一點事情。」年輕人回答。

　　「不要又去喝酒了。」郭先生高聲追著說。

　　拜訪郭先生後約月餘，我又拜訪了一位林姓朋友，他

們夫婦也是只有一個兒子，現已結婚。兒子是一位內科醫師，媳婦在國小當教師。我與林先生正在他的客廳談話時，外面有人敲了兩聲門，林先生即上前問：

「是誰？」

「爸！是我瑋瑋。」外面敲門的人回答。

林先生開了門，進來的是一位約卅餘歲的年輕人。

「這是何伯伯，是我最好的朋友。」林先生爲我介紹。

「何伯伯好！」年輕人向我點頭爲禮。

「這是我的小孩，現在一家醫院當內科醫師。」林先生對我介紹他的兒子。

「醫師是救人的職務。」我鼓勵他。

「現在外面感冒正在流行，爸與何伯伯都應特別注意身體的保養，人多的公共場所少去，以免感染。」年輕人關心的告知。

「今天看病的人多不多？」林先生問。

「不少，我的診間就看了 50 人。」年輕人回答。

「爸！現在有沒有什麼事情要我作？」年輕人問。

「沒有。」林先生回答。

「那我到後面去，還有一封信要寫。」年輕人對他爸爸說後並轉向我說：

「何伯伯在這裡和我爸爸聊聊，我到後面去有點事情。」就向屋內走了。

　　大約十多分鐘後，年輕人從屋內出來，手中拿著一封寫好的信，對他爸爸說：

　　「爸爸，我要出去寄一封信。」

　　「好。」林先回答後，年輕人就出去了。

　　上面兩則，都是眞實的故事，從其「應對進退」中，就可以看出其氣質的好壞。究竟哪一家的氣質比較好，我不作評論，留待讀者自己去感受。

　　現代社會有一種非常奇特的怪現象，有的子女不孝，甚至毆打父母，這眞是大逆不孝、天地不容的罪過，眞是連禽獸都不如的畜生。有的父母教子女作壞事，這雖是少數，但也是亟待教育糾正的對象。還有一種是父母很正派，而子女卻是危害社會的惡徒，例如最近報載有一個十五歲的學生，竟然姦殺了他的女老師，而嫌犯的父親爲此極度難過，除向社會道歉之外，自己還服毒自殺（獲救）。這就是所謂「生兒身，不能生兒心」，雖有心管教，自己卻無能爲力。

　　孟子說人性本善，荀子說人性本惡，依我看，人性有善有惡。善者爲國家社會之福，惡者爲國家社會之害。爲之奈何？只有提倡孝道。孝能改變暴戾之氣。

　　政府對家庭無力管教的孩子，應設有機構代爲管教，所以古人有易子而教之事，就是自己無法管教的不肖之子，則與友人交換孩子來管教，可能比較有效。政府除設有代爲管教的機構之外，並應立法嚴懲不孝之徒。

社會及輿論對侮辱尊長者，應視爲大逆不孝，視爲可恥之輩。

學校更應加強倫理及孝道教育，依觀察，孩童從十三歲開始快速長高，俗稱「抽條」，就是身體開始抽成條形地成長，十五歲以前稱童年，十五歲以後則是少年，到十八歲後各種骨骼大致漸漸定型，開始慢慢進入青年時期。因之，自十三歲開始，生理及心理方面，都有很大變化。應在先一年（即十一歲至十二歲）對其施以倫理及孝道教育，可從「四書」中取材。並加一部份爲人處世的道理及有關法律的教育。此種少童教育，應訂爲一年，然後才步入學識教育。如此，在人格方面，才有比較完好的培養。

家庭方面，應以孝齊家，對上盡孝，對子女自小就應養成其知所感恩、孝敬有禮的和悅氣質。如此，則善者更善，惡者在大環境的薰陶與圍繞之下，也會自然而然地改變其本性而爲善。國家幸甚，社會幸甚。

3.悟，以悟導行

悟是悟性、洞察力、判斷力、主動自覺，對事情能先知先覺。我們要以悟性來指導自己的行爲，才能事事獲得機先，容易成功。

昔日諸葛亮是一個悟性很高的人，凡事都能事先洞察其眞相，判斷其趨勢而事先準備對策，所以有人說他會神機妙算。劉備爲了求才，三顧茅廬，拜訪諸葛亮，當時諸

葛亮正在午睡，劉備尊賢，不願驚擾他，只站在門外等他起床，諸葛亮久久不起，翻了一個身，口中吟了四句詩：

　　大夢誰先覺？平生我自知；

　　草堂春睡足，窗外日遲遲。

　　這首詩對悟性的含義很深，要人多多機警覺悟。前兩句是說，對世時像在夢中的人們，誰能先自醒覺，看清時局？平生的一切，我自己知道。後兩句是說：春天在草堂睡得很安穩閒靜，好像一點事情都沒有，但是窗外的太陽，卻是不停地在慢慢移動，一切都在變化之中。意義即是要趕快警覺，適應這些變化。不能若無其事的在此睡覺了。這是一首多麼啓發悟性的好詩！我深深愛之。

　　我們每人都有事實現況，千萬不要只看到這些現況就是如此平靜，而它們都像慢慢移動中的太陽一樣，正在不停地變動之中，我們不能像「草堂春睡足」的若無其事，應要即時警覺，有所行動。否則，就會來不及了。

　　悟性最能養成主動精神，也能看出一個人智慧的高低，據觀察，依作事情形論，社會上可分為上、中、下三等人。

　　上等人憑覺悟作事，只要感覺到這件事情要作，就立即去作，該怎樣作，就怎樣去作。不但把這件事情作好，還可以舉一反三地走這一步就悟到下一步。如感到不妥，就會立即停止或修正，一切完全主動行之，決不會等到情急勢迫才去作。更有人能觸類旁通，像孔子的門人，顏回

就能聞一知十，子貢能聞一知二，這都是智慧很高、悟性很強的人。

中等人依指示或規定作事，只要上級指示或依例規定，就會誠誠實實的完成所賦予的任務，這是一個好幹部，但創意精神就差一點。

下等人受督促作事，完全被動，常在被迫的情形之下完成工作，如督促力稍一疏忽，就會出錯。

主動的人，給人的感覺是靈活、勤快、自動自發、有朝氣。被動的人就沒有這種氣質，所以培養悟性，也能改變氣質。

4.修，以修立身

修是進修，人類文明不斷進步，社會上的一切，也跟著不斷變化，就像前面所說的「窗外日遲遲」一樣地在變動。立身於世，我們應不斷進修，才能跟得上變化的時代。否則，就會不能適應。因此，進修應是隨著人生進展而不斷進行的。然則究竟要進修什麼呢？應是很多很多的。現在僅就與氣質有關、而且是特別重要的數項，列述如後：

A.儀態要修

儀態包括一個人的容貌、表情、服裝、談吐、姿態、脾氣與風度。它能建立一個人的形象，影響一個人的人際關係。儀態好的人，給人的印象是和悅、愉快、

瀟洒有爲、風度宜人，人人見之喜悅，都願與之交往。反之，則人人厭惡。所以我們要修整邊幅，注意表情、談吐、姿態和舉止，並且要愼發脾氣。

脾氣似應包括在風度之內，這裡爲何要單獨列舉呢？我要說明一下，記得有一年，我國舉辦金馬獎頒獎典禮，爲隆重起見，還特別邀請國際知名的影星前來參加典禮，其中有一位影星在中正機場下機，與主辦單位接機的人員見面時，記者紛紛前往採訪，發現這位老兄態度傲慢，有時還亂發脾氣，報紙上當時就批評說這個人脾氣很臭。第二日，主辦單位正式召開會議，所有與會人士都服裝整齊，獨有這位老兄不結領帶，輿論都感到很奇怪，並說：像這樣氣質很差的人，怎麼配當明星？所以脾氣可以列在風度之內，也可以單獨討論。

我在一本書上，也讀到一句很好的西洋成語：anger bigins in folly and ends in repantence.意思就是「憤怒始於愚笨而終於悔恨」，所以脾氣是不能隨便亂發的。

談到儀態氣質，昔日周瑜就有好的氣質，所以當時就有人說「與周公瑾交，如飲醇醪」。

徐志摩的氣質似乎也很好，在徐志摩全集中，梁實秋先生作序說：徐志摩這個人在聚會時，能使四座盡歡，並不是靠恭惟與應酬，他有一種幅射力量，能使大家感到溫馨，每次聚會，只要他一到，就像一陣旋風捲來，橫掃四座。他有說有笑，有表情、有動作，像一把

火炬，點然每一個人的心緒與熱情。

　　胡適先生也說：「志摩在我們朋友之中，眞是一片可愛的雲彩，永遠是溫暖的顏色，永遠可愛。」

　　內心愉快，能影響外面的表情，表情能影響別人對你的觀感。戴爾．卡內基教人拜訪朋友時，在進門之前，要先想起一件非常愉快的事，然後才進入對方的門。因爲內心的愉快，自然會形諸外表，所謂「有諸內必形諸外」。愉快的表情，自然會影響對方，使對方也會愉快，有了愉快的氣氛，拜訪當然會很成功。

B.健康要修

　　身體是一切事業的本錢，受之父母，應好爲保重，並不停地鍛鍊，使精力充沛，才能創造事業。保重身體的方法，最重要者如下：

(1)不吸煙，煙傷肺，且污染空氣。

(2)不喝酒，酒傷肝，又會亂性。

(3)不熬夜，夜間是身體恢復疲勞的最好時間，不應剝奪，熬夜就是對身體的摧殘。

(4)勤梳洗，注重清潔。

(5)注重營養，選擇健康食品。米麵蔬果魚肉等，要講求均衡營養。孔子說，肉雖多，不使勝食氣。

(6)持續運動，如球類、劍類、拳類、跑步、體操或騎馬、騎腳踏車及其他運動等，都可作爲鍛鍊身體的運動，最好每天應有 30 分鐘至一小時的運動時間，且

　　要持之以恆。

　　(7)愼防意外傷害。

C.品德要修

　　品德是爲人的基本要素，修養品德就是不貪不義之財，不作虧心之事，更要心存厚道，以仁愛之心對人，對疾難貧苦者，盡量予以援助，這是一個人應有的惻隱之心，應予發揚光大。

　　品德修養，應自動爲之，出乎本性誠意，並不是表面形式，釣名沽譽，或畏懼法律而爲。

　　不過如因利違法，一定會身敗名裂，甚至身繫牢獄，宜深戒之。一個人有高尙的品德，才能仰不愧於天，俯不怍於地。

D.才華要修

　　才華是指一個人的知識、作爲能力與藝術涵養。知識是對事物的看法、想法與瞭解。作爲能力包括魄力、勇氣和辦法，這些都是一個人才所必須具備的要素。此外，一個人還應有一項在藝術方面的修養，如美術、音樂、歌唱或其他藝術等等，以作爲業餘生活的調味品或用作在人際關係交流中的潤滑劑，如周瑜就懂音樂，所謂「顧曲周郎」。

　　一個有才華的人，處處受人歡迎與羨慕，事業也會一帆風順。沒有才華的人，不易受人重視。所以才華應不斷進修，才華愈修愈強，氣質也會愈高。

E.**智慧要修**

在緒論中曾說有一些人頭腦很聰明，而行為有時卻很糊塗，這是因為他只有聰明而沒有智慧，迷失了方向，把聰明用錯了地方。

聰明與智慧是不同的，聰明按其字義是耳聰目明，指的是反應快，記憶力強，為人特別機警。像那些作奸犯科的壞人，也都很聰明，可是他們卻沒有智慧。智慧是認知力強，對事物的看法正確；悟性高，能判知未來；思考敏慧，能拿出高明辦法。有聰明而無智慧，可能把事情作好，也可能做出大錯，所以俗語常說「聰明反被聰明誤」。張學良先生有兩句自喻的詩「兩字聽人呼不肖，半生誤我是聰明。」還有人常說：「某人有小聰明」。小聰明就是只有聰明而無智慧。既有小聰明之說，就有大聰明，大聰明就是智慧。必須在智慧之下的聰明，才能成就大事。

智慧多是天生的，但也可由後天進修而增強，培養智慧的方法，就是勤用頭腦，增加悟性；細觀事物變化，學習經驗；多讀有益書籍，加強學識。凡事要寧靜思考。處事依理，執行以方（方法），請牢記此一偉大原則。

孔子說：「三十而立，四十而不惑，五十而知天命，六十而耳順，七十而從心所欲不逾矩。」看似智慧是隨年齡增加而增進。但現在有「老人癡呆症」，又有

人說：「愈老愈糊塗」。又像智慧是隨年齡增長而減退。其實人在壯年（三十）之後，智慧的高低與年齡的大小無關，只是經驗閱歷有不同而已。而智慧的增減，完全掌握在自己手中。如能不斷地進修，智慧就會增進，所謂「頭腦愈用而愈靈」。否則，就會減退。孔子是一個不斷進修的人，所以他的智慧也隨著年齡而不斷增進，我們從他說「吾老矣，不復夢見周公矣」這句話看，就知道他一直是以周公為榜樣在進修，所以睡覺都夢見周公。他又說：「假我數年，卒以學易」，意思是說，如能多給我幾年壽命，我就可以把易經學好。由此，更知他的智慧是由不斷進修而增進的。

智慧能加強作事能力，智慧也能影響身體健康，智慧好的人也比較健康，這是因為腦力意志能影響生理作用。無論是為了作事或是為了健康，我們都應不斷地進修，以增強智慧。

F.語言要修

語言是一個人表達思想、溝通意見、結交情感的技術與工具，對前途事業的影響之大，勝過其他一切氣質，父親曾告訴我一句古諺：「開言見肺腑」，就是一聽其講話，就知道這個人胸腹中有沒有才華。假如一個人外表看起來好像氣質不錯，及至與其交談，發現他不但知識膚淺，而且詞句內容毫無水準，此時，不知你對他的感受如何。

　　我在自治會長任內，曾爲改建眷村去拜訪一位國會議員（立法委員），該委員家世不錯，他的父親在地方上很有名望，此時，他正準備要競選台北縣長，也需要我在北縣爲他找一部份選票，於是我們就互相幫忙。及至在立法院與之交談時，發現他不但講話前後重複，沒有秩序，內容也無驚人之處，我就對他很感失望。後來果然不出所料，他的縣長沒有選上，在國會對我的幫忙，也非常有限。這就是不善言詞的缺憾。

　　父親常說：「言不驚人，貌不壓人，這個人就沒有甚麼可取的了。」一個善於講話的人，發言內容能驚震四座，詞句生動而有吸引力。父親爲此，特別叮囑我，講話時要掌握道理，抓住重點，不慌不忙，有條不紊，用有力的聲音，清清楚楚地表達出來。

　　一種好的語言有兩種力量，一是吸引力，能吸引別人傾聽；二是說服力，能讓他人信服。父親並講了一個故事：

　　「回憶我（父親自稱）少小時，家鄉時常淹水，鄉人組成逃荒團體，找出一位能說善道，且比較有學識的人出來當領隊，率領到遠方各地逃荒，每到一個地區，即由領隊出面向當地有聲望的人士交涉，請求辦理救濟。有一次到達一個小鎮，想找當地最有聲望的一位舉人出來辦理救濟。但該舉人知道是逃荒人群，緊閉大門，不與接觸。領隊不得其門而入，只好站在門外等候

機會，然而始終不見有人出來，領隊發現屋側有一窗戶，窗戶沒有關實，從窗戶空隙還可看到大廳內的情形，忽然發現有一青年從大廳走過，領隊即抓住機會，講了幾句頗具吸引力的話，果然把該青年吸引住了。隨即繼續與之交談，年輕人終於把大門打開了，領隊進入屋內，此時並不談救濟的事，只談一些感人而使舉人喜歡聽而又感動的事。談著談著，該舉人竟自動走出來了，最後達到辦理救濟的目的。從閉門不納到接觸談話，到開門迎客，再到舉人自動出來辦理救濟，這是多麼奇妙的力量。希望你（指我）知道語言的重要性，在語言上要多下功夫。我想小說中常有各種人物在各種場合的談話，多看一點有益的小說，或許可能與談話有幫助。」

　　談話也不能一味恭維、奉承，在一本開拓靈性的人生書中，有人編了一個故事：

　　「有一個人專門工於諂媚逢迎，逢人就送一頂高帽子，遇事無往不利。有一日他挑著只剩最後一頂帽子到處兜售時，卻被關公聖人顯靈攔住，大聲喝道：「你到處拍馬屁，不講真心話，只是逢迎欺騙，今天可不能饒你。」這人即匍匐哀求說：「這不能怪小人，舉世滔滔，都是喜歡接受奉承的人，我又能奈何？如果都能像你關大聖人這樣正直英明，我又何苦要作此違背良心的事？」關公一聽有道理，就放他挑著擔子走了。正在奇

怪剛才擔子上還剩一頂帽子，怎麼不見了？此時才發現那頂帽子已被戴到自己的頭上了，即悔嘆地說：「這個賣帽子的傢伙眞討厭，剛才不該放他走的。」

　　講話最重要是陳述道理，內容要動人，還要注意聲音、音調、氣勢、表情與詞句。聲音要出自丹田，強而有力。音調要有抑揚頓挫，把音波很和暢地送入對方的耳鼓。氣勢要旺盛，並配合適當手勢與姿態。表情有輕鬆，有嚴肅。內容要切合主題，詞句要清楚明確，最好能帶一點幽默。因爲語言是一種藝術，它能美化人生。這些不是一蹴可就的，必須多練習、多注意、多研究，使能成爲自然習慣之後，才能運用自如，所以語言要不斷地進修。

　　語言能變化一個人的氣質，如能多懂幾種語言，應是人人所羨慕的。目前世界上最流行而吃香的語言，有英語、法語、德語、西班牙語等，宜利用時間不斷進修，對人際關係、事業前途，都有很大幫助。昔日戰國時，蘇秦、張儀就是憑三寸不爛之舌，縱橫天下。現今也有一些人是完全靠語言在發展的，語言應不斷地進修。

第三章 小結

1. 要有健全的自我，就須先要有一種優良的氣質。
2. 氣質好的人，可建立良好的人際關係，人際關係是影響成功的資本。
3. 能獲得群眾信任是一個人在人格上應有的權利和光榮，人人都應珍惜和擁有。
4. 腹有詩書氣自華，是進修出來的氣質。
5. 培養優良的氣質，可從正、孝、悟、修四大要素著手。
6. 修是進修，人類文明是不斷進步的，社會上的一切也跟著不斷地變化，立身於世，亦應不斷地進修，才能跟得上時代，所以進修應是隨著人生進展而不斷進行的。
7. 進修的重點有：儀態、健康、品德、才華、智慧和語言。

第四章
思維法則

1. 思維法則之重要性與運用

　　這裡所談的思維法則，並不是三段論證、演繹法或歸納法等推理的思維法則，而是一種思考作事方法的思維法則，在第二章從容中道中，曾談到「作事要依理，執行須講究方法」，尤其在日常事業的奮鬥中，難免不會遇到難題，遇到難題，就得想出辦法來解決，想出的辦法高明，問題會迎刃而解；想出的辦法不高明，問題就會很難解決。所以常有人遇到難題時，就會說「心亂如麻」或「傷腦筋」等，這就是不知如何去思考的煩惱，今天這套思維法則，就是教你如何思考作事的方法，懂得這套思維法則後，就不會傷腦筋或心亂如麻了。因為它能幫助你想出高明的辦法來解決問題。

　　懂得思維法則的人，也不能完全保證你想出的辦法，一定會比不懂思維法則的人所想的要高明。因為思考事情，與一個人的學識、經驗、品德、智慧及專業知識等有密切關係。然可斷言的，是同一個人，依思維法則思考的辦法，絕對比不依思維法則思考的要高明很多，所以我們要研究思維法則。在想出辦法時，最好依思維法則進行，才有好的結果。這裡就是教你如何運用有條理、有系統的科學方法去思考作事的辦法。

2.思維法則之探討

A.美國參謀組織及作業程序中之思維法則

美國參謀組織及作業程序（Staff organization and procedure）中有一種思維法則，很多國家都用以作為思考作戰的方法。因為作戰是一種嚴肅而神聖的行為，不能輕忽。如一出錯，就會損失成千上萬人的生命，甚至賠掉國家。必須慎重其事，要用極為科學的思維法則來思考如何打贏一場戰爭。這套思維法則，名叫「狀況判斷（Estimate of situation）」它是依一定的程序來思考的，共有五個大程序（此處僅列述其程序，至於其中細部小項及作為要領，因非程序範圍不予詳述）：

⑴ mission（使命）

⑵ The Situation and courses of action（狀況及行動方案）

　　a.Considerations affecting the possible courses of action（影響可能行動方案之考慮事項）：

　　　① Characteristics of the area of operation（作為地區之特性）

　　　② Enemy situation（對方狀況）

　　　③ Own situation（我方狀況）

　　　④ Relative combat power（相關戰力）

　　b.Enemy capabilityies（對方能採取之行動）

　　c.Own courses of action（我方行動方案）

⑶ Analysis of opposing courses of action（我方行動方案
所受抗力之分析）

⑷ Comparison of own courses of action（我方行動方案之
比較）

⑸ Decision（決心或結論）

B.美國這套思維程序有值得討論的地方

⑴第二段「狀況及行動方案」併爲一個思維程序欠妥：

a.依主體論：

　　狀況判斷的主要目的在得出一個至當行動方案
來完成使命。因此，行動方案是整個研判的主體，
應列爲重點思考的主題，其他程序都是爲產生行動
方案之思考。就像一株樹，使命是根，狀況是水土
和空間，行動方案是主幹，分析比較是枝葉，決心
是花果。而將行動方案附在狀況內列爲一個小子題
附帶思考，那就是本末倒置，整個思考好像沒有主
體。

b.依品質論：

　　行動方案未列爲重點單獨思考，僅附在狀況內
隨帶思考，如此不受重視，自然產生不出高品質的
行動方案，爾後的分析比較，都是要根據已產生的
行動方案來進行，如行動方案的品質不高，無論再
怎樣分析比較，也只是「巧婦難爲無米之炊」的作
爲，所以綜觀其在此程序中所舉的範例，研來研

去，都只是幾條正面攻擊重點路線的選擇而已，等於「兩牛鬥於巷，力大者勝」的頂抵戰術，毫無奇策可言。

c.依謀略論：

行動方案應具有謀略性的宏觀思考，古代作戰，很多欺敵、誘敵、阻敵、奇襲、迂迴以及一些奇策高謀的戰術，都是思考出來的。因此，行動方案應單獨列為一個思考程序，以便能擴大思考範圍而產生具有謀略性的行動方案。

d.依程序性質論：

狀況是列述能影響完成使命的背景資料，行動方案則是完成使命的實施辦法。兩者性質不同，思考迥異，怎能併為一個思考程序？而硬要將行動方案附在狀況內隨帶思考，那就像把黃金混在泥土中一起使用一樣，黃金只會被埋沒而黯然失色。

e.依一般思維習性論：

一般人思考事情，通常是依下列習性進行：

①問題——先發現問題（相當於使命）

②有關資料——查這事情是怎麼發生的或有哪些阻力（相當於狀況）

③辦法——想出解決辦法（相當於行動方案）

④研討——對辦法作商討（相當於分析比較）

⑤結論——作出決定（相當於決心）

　　　　這是非常自然的思考順序，而且每一程序分
　　得非常清楚而不混淆，並沒有把「辦法」併在
　　「有關資料」內一起思考的混亂思維。

⑵分析比較分開爲兩個思維程序有瑕疵：

　a.分析比較是要從現有的行動方案中研討出一個最佳
　　方案，都是屬於討論範圍，性質相同，應是一個思
　　維程序。

　b.分析比較之進行，前後有密切的連續性，如分爲兩
　　個思維程序，分析僅僅推演各案之進行情形，而沒
　　有結果，思考不能告一段落，必須有比較之結果，
　　才算結束。對於有連續性之思維，不能分爲兩個程
　　序，分爲兩個程序有斷思之虞。

　c.如將分析與比較分開爲兩個程序，則「比較」這個
　　程序，可能成一個多餘的空項。因爲行動方案之產
　　生，最初通常爲 1 － 3 案，如只有一個行動方案，
　　「分析」仍須照作，「比較」則因無對象而而勢必
　　缺如。又如在分析中已能明顯判定出最佳方案時，
　　則可直接作出至當行動方案之結論，就不必再行比
　　較。以上兩種情形，都將使「比較」成爲一個多餘
　　的空項。如分析比較成爲一個思維程序，則無此
　　「多餘空項」的瑕疵。

C.合理的思維程序——行動判斷

　⑴與狀況判斷不同之點：

　　談到合理的思維程序，我首先要將其正名爲「行動判斷（Estimate of action）」，而不是狀況判斷（Estimate of Situation）。因爲狀況判斷，按其語意是對當前的狀況所作的判斷，沒有行動，不夠積極。實際上是爲採取行動而作的判斷，所以我要將其正名爲「行動判斷」。

　　行動判斷是把美國這套思維程序（狀況判斷）的缺點，完全予以修改，在思考上比較合理。其與「狀況判斷」不同之點有四：

a.在「狀況」項目中，僅列述與完成使命之有關資料，不列述行動方案。

b.行動方案爲整個判斷之主體，單獨列爲一個思維程序，以便受到重視而有宏觀思考，能策定出有高品質之行動方案。

c.分析比較併爲一個思維程序，以便性質相同且有連續性之思考，能一貫進行思考，且不致有程序成爲「空項」之瑕疵。

d.說明在分析中，如能明顯判定出何案最佳時，可直接作出附理由之結論——何案爲至當行動方案，不必再行比較。

(2)行動判斷的五個思維程序是：

a.使命

b.狀況

c.行動方案

d.分析比較

e.決心

D.杜威的思考方法

創立一種理論，最好是有辦法來證明它是對的，這個理論才能成立而更有價值。

我上面所論述的行動判斷，現在可用杜威的思考方法（Dewey: How We Think）來證明它是對的。杜威先生是在國際上很有名望的學者，我國學者胡適博士非常敬佩他。

杜威的思考方法有五個步驟，這五個步驟與我上述行動判斷五個程序的內容不謀而合。這裡我要說明，我並不是先看了杜威的思考，然後才寫行動判斷，而是看到美式狀況判斷的思維程序不合理而寫的行動判斷。寫好行動判斷理論之後，在胡適文選中無意間發現了杜威的思考方法，即作深入研究，因此，使我對「行動判斷」理論的正確，更具信心。

杜威哲學的基本觀念，是「經驗即是生活，生活即是應付環境」，在應付環境的思考上，他並舉了一個思考的事例：

「一個人出去探險，走進一個無邊無際的大山林中，迷了路，走不出去了。他爬上樹頂看看。用望遠鏡四面觀望，都看不出一個出路。他坐下仔細想想，忽然

聽到遠方有流水的聲音，他想水必定會流出山林的，如跟著水走，一定可以走得出去。主意已定，他就走到水邊，跟著水走，果然走出了危險的山林。」

現在我們就來看他依上例所解釋的五個思考步驟：

(1)疑難的境地：

杜威認為思考的起點是一種疑難的境地，上例一個人在山林中迷了路，走來走去，就是走不出去，到了這個地步，便尋思在這個大山林中，怎麼能尋得一條可以走出這個山林的路？這個疑問，便是思考的起點。這是杜威思考的第一步。

其實這一步，就是「行動判斷」中的第一個程序──使命。

(2)指定疑難之點，究竟在什麼地方：

疑難之點，就是這個山林太大，無邊無際，沒有可以走出去的路，也無人可問。只是在遠處，似有水流之聲。這種指定疑難之點的地方，就是杜威思考的第二步。

其實這就是「行動判斷」中的第二個程序──狀況。

(3)提出種種假定的解決方法（這一點很重要）：

既經認定疑難在什麼地方了：稍有經驗的人，自然會從所有的經驗、知識、學問裡面，提出種種的解決方法。這個迷了路的人，為了要找一條出路，想出

幾個方法：

a.爬上樹去，看看哪裡有出路。

b.取出望遠鏡來四面觀望，尋找出路。

c.遠處有水流聲，水流必有出路，跟著水走，必定可以走出山林。

　　　這些假定的解決方法，是杜威思考的第三步。

　　其實這就是「行動判斷」中的第三個程序——行動方案。

⑷決定哪一種假定，是最好的解決方法：

　　　在為一個疑難的問題所能想出幾種假定的解決方法之後，應該把每一種假定所涵蓋的意義，仔細推演分析，如若用這種假定應該有什麼結果？這種結果是否能解決所遇的難題（這就是分析）？逐一推演出結果之後，比較起來，看哪一種假定比較最能解決所遇的疑難（這就是比較）。比較之後，就採用最能解決疑難的一種方法，這種分析比較就是杜威思考的第四步，而且是連在一起的。

　　其實，這就是「行動判斷」的第四個程序——分析比較（杜威是將這兩點連在一起的）。

⑸證明：

　　　杜威認為第四步所採用的解決方法，只是一種假定，究竟是否真實可靠，還不能十分肯定，必須有實地證明，才能相信。他並說明：「凡是科學上的證

明，大概都用實驗，譬如科學家葛理略（Golileo）觀察抽氣筒使水升高到卅四英呎，就不能再上升了。他想這大概是空氣的重量壓力所致。這只是一個假定，未曾證實。他的弟子佗里傑利（Torricelli）心想如果水的升到卅四英呎，不能再升是因為空氣壓力所致，那麼水銀比水重十三又十分之六倍，應只能升到三十英寸，他實驗果然不錯。後來又有一位哲學家伯斯嘉（Poscal）心想如果佗里傑利的氣壓說不錯，那麼，山頂的空氣比山腳下的空氣稀薄很多，拿水銀管上山，水銀應該下降。他實驗，水銀果然逐漸下降，到山頂時，水銀比平地要低三吋。於是葛理略的假定，便成了真理。」

　　用實際證明假定，是最可信任的辦法，但有時一種假定，不容易用實驗證明。因為實驗所需要的實際情形，平時不容易遇著。像這種情形，只能以自己的經驗、學識等來判斷而作決定。所以這第五步在杜威思考是「證明」，在「行動判斷」中的第五個程序則是「決心」（如環境可能，最好是先證明後下決心）。

　　綜觀上述思考的五步，杜威特別說明第三步「假定種種解決疑難方法」的思考最重要，可算是整個思考的骨幹。這與我在「行動判斷」中認為「行動方案」是整個思考的主體，完全吻合。所以杜威把「假

定種種解決疑難的方法」單獨列爲第三段來思考。並不是把它附在第二段「疑難之點究竟在什麼地方」中附帶思考。

再看杜威思考的第四步，是把分析比較列爲一個思考步驟，這與「行動判斷」中的第四程序完全相符，比「狀況判斷」中把分析與比較分開爲兩個思考程序要高明很多。

看了杜威的思考方法，證明「行動判斷」的理論完全合理，確是一種最好的思維法則。

3. 行動判斷之思考及作爲要領：

行動判斷　　時間：　　　　　　地點：

A. 使命：

指必須完成的工作及目的。使命爲整個判斷之根基，內容通常包括人、事、時、地等四項。

B. 狀況：

作任何事情，都須先瞭解當前狀況，如不瞭解狀況而爲，等於盲人騎瞎馬，是很危險的。瞭解狀況，尤須對下列四點，總以愈詳盡愈好：

⑴一般狀況。

⑵可用之力量與資源。

⑶對完成使命有利之點。

⑷對完成使命不利之點。

C.行動方案：

行動方案為整個判斷之主體。方案策定之良否，決定整個判斷之價值。使命之能否完成，完全有賴於行動方案策定之優劣而定。故必須運用智慧，啟發靈性，作宏觀思考，以策定奇謀高策之行動方案為要。

最初之行動方案，只要「能力」可行，就能成立。經內心初步分析淘汰後，通常只留１－３案，供爾後詳細研判。惟所留之案，須符合下列三個條件：

⑴合理——此案實施成功，能完成使命。

⑵可行——有能力實施。

⑶有成功公算——此案能適應及利用狀況中之諸因素。

D.分析比較：分析比較，須連續進行。

⑴分析：

a.分析是輪次以每一行動方案為主，就其實施過程作推演，考驗其對「狀況」中諸因素之適應情形及中途或可能再發生何種情況與應變之道（切忌武斷說不會發生，應考慮發生後如何處理）。

b.對有重大缺點之案，則淘汰之。

c.從推演中，可找出影響行動方案之關鍵因素及利弊。

d.在分析中，如已能明顯判定出至當行動方案時，可直接作出附理由之結論，不必再行比較。

⑵比較：

比較有「因素比較法」與「利弊比較法」兩種，可擇一實施。通常複雜者用因素比較法，簡單者用利弊比較法。

利弊比較法

a.列出各案利弊：

第一案：利：

弊：

第二案：利：

弊：

b.討論：

依利弊之重要性，衡量何案最佳（並不是依利弊點數之多寡）。

c.結論：

選定至當行動方案，作為決心之基礎。

因素比較法

a. 列出重要因素：如甲、乙……等。

b. 因素比較各案：

因素甲……何案最佳？

因素乙……何案最佳？

c. 結論：選出至當行動方案，作為決心之基礎。

E.決心

　　對選出之至當行動方案，下定實施之決心，作出完整之正確敍述，儘可能包括人、事、時、地、如何及爲何等六項。

4.行動判斷範例

A.範例一（利弊比較法）

　　　行動判斷　時間：2001，九月　地點：台北

⑴使命：

　　　如何將父親的至理珍言訓示及本人經驗貢獻給社會及教育後代，作其「作為」的指針。

⑵狀況：

　　a.一般狀況：

　　　　目前交往的朋友，除昔日同學同事外，還有一些社會人士及文化界朋友。

　　b.可用的力量及資源：

　　　①家中有賢妻主持一切，使我無後顧之憂。

　　　②生活小康。

　　　③寫作有時間。

　　c.對完成使命有利之點：

　　　①自己有充裕時間。

　　　②子媳們偶爾也能幫忙抄寫、打印及校對。

　　d.對完成使命不利之點：

　　　①子媳們都忙於各自工作，沒有時間在一起交換意見。

　　　②離家太早太久，記憶有限，不能完全記述父親教訓。

(3)行動方案：

　　第一案：將父親至理珍言親自講授，傳給子女媳婦，
　　　　　　讓其流傳後代及社會。

　　第二案：寫書流傳並惠及社會。

(4)分析比較：

　a.分析：

　　第一案：親自講授，當然是很好辦法，只是子媳們
　　　　　　都各自忙於工作，無暇聽授，而且資料太
　　　　　　多，不容易讓其全部記住，即使子媳們能
　　　　　　夠承傳，也無法惠及社會。

　　第二案：寫書可以有效流傳。

　b.比較：

　　①列舉各案利弊

　　　第一案：利：(a)親自講授最確實，且能反覆講
　　　　　　　　　　解，當面釋疑。

　　　　　　　　　(b)實施簡便容易。

　　　　　　　弊：(a)子女媳婦們均各自忙於工作，無
　　　　　　　　　　暇聽授。

　　　　　　　　　(b)資料太多，很難讓其全部記住。

　　　　　　　　　(c)即使子媳們能夠承傳，也不能惠
　　　　　　　　　　及社會。

　　　第二案：利：寫書可以有效流傳。

　　　　　　　弊：出版有很多繁複手續。

②討論：

第一案：流傳可能不順暢，有中斷之虞。

第二案：寫書能有效完成使命。

③結論：

第二案為至當行動方案，因其能有效完成使命。

(5)決心：

決定儘速將父親的至理珍言及本人經驗寫印成書，作為有志青年的作為指針。

附記：本例其實在「分析」中就已能明顯判斷出第二案最佳，此時可直接作出其為至當行動方案之結論，不必再行比較。

B.範例二（因素比較法）

當時背景說明：

1949 年紅軍進逼南京，筆者四月間從南京突圍後，六月間輾轉到達湖南祁陽、零陵等地，暫在一個正在成立而尚未完全成立的部隊——獨立砲兵營服務，任職觀測員。此時，時局很亂，人心惶惶，何去何從，筆者對自己的前途，作了行動判斷。

行動判斷　時間：1949，八月

地點：湖南祁陽

(1)使命：

參加部隊繼續為國服務，同時開創自己前途。

(2)狀況：

　a.一般狀況：

　　①總統已經下野，李某代理總統。

　　②南京失守後，自己原隸部隊已不存在。

　　③政府各部門，目前暫時散住在廣州各地，準備遷往
　　　重慶。

　　④紅軍在江陰渡江後，現已進抵江西灨江。

　　⑤武漢已在被大包圍的威脅之中，可能不保。

　　⑥長沙、衡陽等地，藍軍正在部署防線。

　　⑦上海為湯某部隊駐守。

　　⑧北京為傅某部隊駐守。

　　⑨西北胡某尚控有幾十萬大軍。

　　⑩山西亦有閻系部隊。

　　⑪廣西、雲、貴、四川、福建等地，均在藍軍掌控
　　　中。

　　⑫各地均有地方勢力，紛紛成立部隊並擴張勢力。

　b.可用之力量與資源：

　　①各地部隊中，大部份都有軍校同學，可以連絡。

　　②現在已在獨立砲兵營找到立足點。

③衡陽有一單位正在招募學兵，其中有一位同在南京
突圍時的上官派員前來邀我前往協助招兵，並準備
隨同該招生單位前往某一海島。

④目前同營的軍校同學范某家住重慶，邀約與其同赴
重慶。

c.對完成使命有利之點：

①後方部隊尚多。

②政府如能早日安定，整頓部隊，調整戰線，猶能挽
轉局勢。

d.對完成完命不利之點：

①政府各部門目前散駐廣州各地，尚未安定。

②總統下野後，各地部隊對領導中心信心不夠。

③長沙、衡陽等地，不知能否守得住。

④各地人心惶惶，社會秩序很亂。

(3)行動方案：

第一案：繼續留在獨砲營服務。

第二案：遠赴重慶，暫住范家，伺機參加部隊或機關。

第三案：即赴衡陽協助招兵，並準備隨同該招生單位，
前往某一海島，伺機參加部隊。

(4)分析比較：

a.分析：

第一案：繼續留在現任部隊：現在服務之獨砲營，正在
成立中，已有營部及兩個連，目前服務連之連

長，是昔日軍校示範連連長，與我有師生關係
的人和之利，俟其完全成立後，發展很有前
途。該部隊目前只有主副食，尚無薪金。在武
器方面，只有步槍，尚無火炮。營長已親赴政
府所在地廣州，申請薪餉及裝備，如時局穩
定，很快就會完全成立；如時局惡化，可能只
會維持現狀，以待來茲，甚或撤向西南。

第二案：遠赴重慶，暫住范家，伺機參加部隊或機關。
政府如遷往重慶，可能調集很多部隊堅守四
川，抗戰時重慶守得住，此時，政府如遷重
慶，守得住的勝算很大，但總統下野後，軍事
上缺乏堅強的領導中心，值得憂慮。

政府如遷重慶，前往重慶發展的機會多。政府
如不遷重慶，前往重慶，則危險性很大。

第三案：前往某一海島，伺機參加部隊。但在島上的發
展不及在大陸的機會多。如大陸守得住，島上
的部隊仍有調回大陸作戰的可能。如大陸守不
住，海島只能單獨作戰。尤可慮者，因海島幅
員有限，只能勝，不能敗，如一失守，就會退
無死所。惟可斷言的，是紅軍未能完全控制大
陸又未能有大規模登陸作戰能力之前，不會攻
打海島，因此，海島的危險應在大陸之後。

b.比較：

①列出主要因素：

　　從分析中，發現各案對完成使命所考慮的事項中，有「參加部隊」、「發展前途」與「安危存亡」等三大因素。

②因素比較各案：

　(a)依參加部隊言：

　　　第一案，現在已在獨砲營找到立足點，且有人和之利。第二、三兩案，均須另覓部隊。依參加部隊言，以第一案為佳。

　(b)依發展前途言：

　　　第一案，獨砲營如果完全成立，發展很有前途，但目前尚未完全成立，只要時局稍為穩定，很快就可能完全成立。第二案，政府如遷重慶，遠赴重慶發展的機會多，但目前政府尚未遷往重慶，不知將來有無變數。如政府不遷重慶，則此案非常危險。第三案，因海島幅員不大，發展有限，以此因素，仍以第一案為佳。

　(c)就安危存亡言：

　　　第一案留在現任部隊，如時局惡化，則有危險。

　　　第二案如政府不遷重慶，前往重慶則危險性更大。

　　　第三案前往某島，可以暫時避開戰爭，雖然

危險性將來很大，但總在大陸淪陷之後，即使大陸失敗，海島仍可繼續作戰直到最後，就安危存亡言，以第三案為佳。

③結論：

安危存亡重於一切，第三案為至當行動方案。

(5)決心：

決定即赴衡陽協助招兵，並準備隨同該招生單位前往某島，伺機參加部隊，同時開創前途。

5. 思維法則結論

思維法則最好的思維程序，是「行動判斷」。行動判斷這套思維法則，主要是依照「使命」、「狀況」、「行動方案」、「分析比較」與「決心」等五個程序進行思考。至於其中細部事項，俟熟練後，自會運用自如。

作為方式，或僅由內心思考，或寫成文字思考，兩者均可，像範例一，是 2001，九月所作，為寫成文字思考的判斷。範例二是 1949，八月所作，當時僅是內心思考的判斷，為使讀者知道思考的要領，特將當時情況及思考的心路歷程，記述成文字。特記。

第五章
生活藝術化

小引

生活是人生最現實的問題，快樂、煩惱能立即影響一個人的情緒和健康，如要提高生活品質，就得要生活藝術化。然則，怎樣生活，才叫藝術化呢？就是人生要過得舒適而有意義。

芥子園畫譜作者——李笠翁寫過一本生活之藝術，林語堂先生也寫過一本生活的藝術。他們所涉及的範圍很廣，李笠翁生活之藝術，費了很多篇幅寫住的問題與傢俱、門窗等的製作。林語堂先生生活的藝術，還談到早晨未起床之前，先躺在床上吸一支煙，以享受思考，以及喝茶時使用茶僮等，都是值得商榷的事。他本來想把那本書取名為「抒情哲學」，後來因考慮這個書名太美，而不取用，就取名為「生活的藝術」。

今天我在這裡寫一章生活藝術化與他們所寫的都不同，內容僅限在人類實際生活的範圍內，現在就分項探討如下：

1. 理想的社會環境

談到理想的社會環境，就想到禮運大同篇：「大道之行也，天下為公。選賢與能。講信修睦。故人不獨親其親，不獨子其子，使老有所終，壯有所用，幼有所長，鰥寡孤獨廢疾者，皆有所養。男有分，女有歸。貨惡其棄於地也，不必藏於己；力惡其不出於身也，不必為己。是故謀閉而不興，

盜竊亂賊而不作，故外戶而不閉，是爲大同。」

在這樣大同社會裡，人民各在其自己的崗位上敬業樂群，守望相助，一幅和睦快樂的景象，是多麼美好的世界！是多麼舒適的生活環境！

2.住的藝術

A.五畝之宅

談到住的問題，就想到孟子對梁惠王、齊宣王兩個國王的「五畝之宅」建言：

「五畝之宅，樹之以桑，五十者可以衣帛矣。雞豚狗彘之畜，勿失其時，七十者可以食肉矣。百畝之田，勿奪其時，數口之家，可以無飢矣。謹庠序之教，申之以孝悌之義，頒白者不負載於道路矣。老者衣帛食肉，黎民不飢不寒，然而不王者，未之有也。」

我國以前是完全的農業國家，且在當時地廣人稀，所以住宅佔地甚廣，用以種桑、養畜六畜，以充實生活，依照孟子的這篇建言，當時確實是很理想的家園。

現在是農工商業時代，且人多地少，居住都被逼著向高空發展，住公寓，沒有前後院，但公寓有很多不便之處，如能力可能，當然仍以透天庭院的住宅爲理想。

B.寬適住宅

寬適住宅應採中西合璧的房屋來設計，第一層採四合加後院的結構，第二層除前後廂房屋頂留作陽台外，

房屋中間主體及門樓是採二層建築，大廳除樓上左右房間及走廊外，中間則為一層跳空直達屋頂的型式，樓梯設在大廳後面的套房內，前或後門樓則要各設一個只能下、不能上的活動樓梯，以備緊急之用。房屋應高出地面 1.20m 起基，以防潮濕並增高視瞻，門口採上下台階，以進出屋內。前面廂房應左右各留一個側門。整個建築應注意五點：

(1)防震：防地震是第一要求，不要在地震斷層上建屋，樑柱須特別堅實，牆壁不用磚塊，要用鋼筋水泥灌造。柱與柱間且有交叉斜撐的梁柱。

(2)防火：水電管線要用上等的，裝設要注意安全，各處設有消防設施，還須有緊急避難之設施。（如燒不透之房間）。

(3)防盜：門窗要緊閉、堅實。

(4)舒適、衛生。

(5)美觀。

C.兩層洋房

台灣氣候夏天較熱，但不太熱；冬天較冷，亦不太冷。四季如春，草木長綠，花朵常開。四周臨海，亦是與國際接壤，所以工商業發達，農業亦甚興旺，真是一個美麗的蓬萊仙島。只可惜颱風地震等天然災害，時常來臨。

颱風並不可怕，且可使緊張、休閒等情緒作一調

整。惟地震實在太可怕，但亦有克服辦法，就是房屋採兩層或兩層半樓的建築，用鋼骨（或粗鋼筋）灌架，鋼筋水泥灌牆，柱與柱間，且有交叉斜撐的支柱。只要不是在斷層上，任是七級、八級地震，也絕對震不垮。

　　房屋的大小與格局等，隨著各人的財力、需要及喜好而設計。樓上要有燒不透的避難房間。

D.竹籬茅舍

　　如能力無法建築寬適住宅，只要自己品德高尚，即使是住竹籬茅舍，窮則獨善其身，像顏回一樣地居陋巷，不改其樂，亦是雅居。昔日劉禹錫有一篇陋室銘：

　　「山不在高，有仙則名；水不在深，有龍則靈。斯是陋室，惟吾德馨。苔痕上階綠，草色入簾青，談笑有鴻儒，往來無白丁。可以調素琴，閱金經，無絲竹之亂耳，無案牘之勞形。南陽諸葛廬，西蜀子雲亭，孔子曰，何陋之有。」

E.室外設施

⑴屋後最好有大樹石頭作背景與護衛。

⑵周圍有花香鳥語，夜間還有螢火蟲點綴夜景。

⑶前院後園均有圍牆。

F.實施月光夜

　　月光最幽美，是上天賜予世人的最好恩禮，只可惜世人不知享受，電燈亂照，月光被破壞了，但如有一個單獨住宅，可將屋內與屋外的照明分別管制，在陰曆十

五、十六兩個夜晚實施月光夜，即是把屋外電光完全熄滅，好好欣賞幽美的月光，是一大樂趣，且能節省電量，一舉數得，何樂不為？古之文人雅士，如李白、蘇東坡等，都是善於欣賞月光者，李白有很多欣賞月光的詩，蘇東坡的水調歌頭與赤壁賦等，都有欣賞月光的文句，現在僅節錄幾段赤壁賦如下：

「……誦明月之詩，歌窈窕之章，少焉，月出於東山之上，徘徊於斗牛之間，白露橫江，水光接天，縱一葦之所知，凌萬頃之茫然。浩浩乎，如馮虛御風，而不知其所止；飄飄乎，如遺世獨立，羽化而登仙。……哀吾身之須臾，羨長江之無窮。挾飛仙以遨遊，抱明月而長終。……且夫天地之間，物各有主，苟非吾之所有，雖一毫而莫取。惟江上之清風與山間之明月，耳得之而為聲，目遇之而成色，取之無禁，用之不竭，是造物者之無盡藏也，而吾與子之所共適。……」

筆者亦有關於月光的詩：

⑴鄉愁：

　　幼時常隨父母賞月

　　月光幽美皎潔

　　照著寧靜大地，如玉似雪

　　照著庭院樹葉，慈祥和悅

　　長大後，家鄉已遠別

　　每逢月圓時

　　心裡總覺它缺

　　照不出兒時情景

　　照不到舊時院闕

⑵月亮：

　　幾分欲訴還歇

　　無限幽美皎潔

　　惹得遊子心情

　　思親思鄉更切

徐志摩亦有描寫月光的詩：

山中

　　庭院一片靜，

　　聽市謠圍抱，

　　織成一地松影，

　　看當頭月好！

　　不知今夜山中，

　　是何等光景，

　　想也有月有松，

　　有更深的靜。

　　我想攀附月色，

　　化作一陣清風，

吹醒群松春醉，

去山中浮動，

吹下一針新碧，

掉在你窗前，

輕柔如同歎息

不驚你安眠！

3. 衣食問題：

A. 衣的藝術：

衣服可以說是儀表的一部份，也可以說是身體的一部份，由其穿著款式、顏色、質料等，可以看出一個人的性格、文化水準、地位及前途。

目前男士的服裝有西裝、長袍、獵裝、夾克、運動服、大衣、燕尾服、褂褲、短襖等，以西裝、長袍、燕尾服為正式，可進禮儀之堂，其餘均為便服或休閒之用。惟西裝內之襯衫須結領帶，在脖子上拴一條帶子，似欠妥當，但又無其他方法可以代替，倘能研究出一種不結領帶而又大方美觀的襯衫來代替結領帶，那就太好了。林語堂先生就不贊同穿西服，他說長袍比西裝好，穿起來自由、方便、舒服，而且有風度翩翩之感，所以他總是穿著長袍的時間為多。

目前女士的服裝有衣裙相連之洋裝，有衣裙分開搭

配之套裝，旗袍、衣褲、大衣、禮服、運動服等，裙有大圍裙、窄裙、長裙、短裙，褲有長褲、熱褲。除短裙、熱褲僅年輕人穿之外，其餘只要穿著高雅整齊大方，均可進禮儀之堂，惟以大圍裙洋裝較爲大方美觀，不過越南的一種高腰開叉長裝亦很美觀。

B.食的藝術：

⑴食物：

　a.食物以一般人所常吃者爲準。

　b.特異的食物不食。

　c.生魚、生肉以及見生血之食物不食。

　d.注意衛生、清潔。

　e.注意營養及纖維質之攝取。

　f.煙酒非善物，不吸爲宜，席間互動，可用果汁、茶等代替，古人有以茶代酒之雅事。

　g.食量以飽爲度，不過食。

⑵進食方式：

進食方式分中式與西式

　a.西式：

　　　餐具有刀、叉、匙、盤、杯等，西式爲分食制，每人一份。

　b.中式：

　　　餐具有筷、匙、碗、盤、杯，較西式簡單，中式爲共食制，但須以公筷取食，私筷進口爲宜。其

方法是：每人面前放一只小盤自用，桌子中間放幾大盤各色「公菜」。吃飯前，每人用大盤裡的母匙（必要時可加雙公筷），酌取菜餚放在自己小盤；吃多少，盛多少。然後用自己筷子在小盤取食；吃完，不夠，再用公筷、母匙取，就是不可用自己的筷子摻入大盤的公菜中。

(3)生日蛋糕的吃法：

目前一般人慶祝生日，是將蠟燭點在蛋糕上，唱生日快樂歌後，大家一起協助壽星吹熄蠟燭，然後將蛋糕分食各位。要知道，此時蛋糕上已被吹到很多口水或唾沫，很不衛生。為什麼不將蠟燭點在另一盤子內唱歌慶祝，然後再將蛋糕分食呢？此時，因蠟燭是點在另一盤中，不是點在蛋糕上，不妨礙蛋糕的分切，吹不吹熄都沒關係，如要吹熄，就吹在另一盤內；如不吹熄，點著蠟燭吹蛋糕，不是更有生日氣氛嗎？

4.生活之享受

人類是唯一為生活而工作的動物，人類為了生活忙於工作，在自己的職事上不停的工作，哪能談到享受?!但看到社會上也有很多閒人在賭博、抽煙和喝酒，問他們為何如此，回答是尋找快樂和打發時間。其實，尋找快樂的方法很多，何必一定要賭博、喝酒、抽煙呢？煙傷肺，且污

染空氣，害自己，也害他人。酒少喝一點則可，多喝傷肝，且能亂性，宜戒。打牌偶爾為之，無傷大雅，如打牌成癖，則不宜，把打牌變成賭博則會敗家壞品行，為害甚大。至於說是打發時間，那就更說不過去，如果嫌時間太多，那就不如早死，何苦苟延壽命而無法打發呢？這裡舉個故事：

一個人去看病，醫生問他哪裡不舒服：

「頭痛」病人說。

「你是不是昨晚賭博熬了夜？」醫生

「不，我不賭博。」病人

「那你是不是喝了酒？」醫生

「不，我不喝酒。」病人

「你抽不抽煙？」醫生

「我不會抽煙。」病人

「你既不抽煙，也不喝酒，又不賭博，你有什麼嗜好？」醫生

「我什麼嗜好都沒有。」病人

「那你不要看病了，回去死掉算了。像你這種人活著還有什麼意思呢？」醫生

這雖是一個笑話，不過醫生並不是要他賭博、抽煙、喝酒。主要是針對他「什麼嗜好都沒有」來說的，由此，足見嗜好也是一種不可少的享受。嗜好不必要去賭博、喝酒、抽煙，可從提高生活品質方面的嗜好去享受：

A.繪畫、園藝：

旣是一種娛樂，也是一種運動，我有一首歌：

畫中詩意多，花裡煩憂少；

能畫美如仙，看花人不老。

B.寫作、習字：

　　每天寫一點有益社會、人心的東西，或練習幾篇字，利人利己，一舉數得。

C.音樂、歌唱：

　　音樂歌唱，雖是一種專門藝術，但只要不是對外表演，自娛是可以自己做得到的。尤其歌唱，還可以鍛鍊丹田聲音及擴展聲帶，有益講話聲音。

D.讀書：

⑴讀書是一種最好的娛樂，也是一種最重要的生活，我一輩子沒有把書讀好，但一輩子喜歡讀書，只要有空，就在讀書。我以讀書爲樂。我讀書時，書本下面墊放一張白紙，遇到有好的句子或好意義時，除以紅筆在書上圈劃外，還隨手把它記在白紙上，有時候把所記的整理出來，有時候也只是記一記就算了。

⑵讀書可增長一個人的智慧，增進一個人的能力，可以娛樂自己。讀書的好處說不完，我曾有一首絕句：

我愛林泉我愛山，峰巒長綠水長藍；

經營而食讀書樂，自在自由勝做官。

E.不斷的學習：

　　　　不斷的學習，可使腦筋不斷的更新，今天的腦比昨天新，明天的腦比今天新，不但可以充實自己，且能讓頭腦不斷的更新而更健康。

F.親友互動守望相助──誼：

　　　　古人的生活範圍只有「衣、食、住、行」四大項，後來因時代進步，而生活項目又增加「育」與「樂」兩項，成為「衣食住行育樂」。現在我認為還要加一項「誼」。因此，生活應是「衣食住行育樂誼」。誼就是交誼、友誼，有一首歌是這樣寫的：

　　　　「友情友情，人人都需要友情，不能孤獨走向人生旅程，要珍惜友情可貴，莫讓那友情溜走，誠懇地相互鼓勵，閃耀著友情的光輝，永遠永遠，讓那友情溫暖你的心胸。」

⑴親友間互動：

　　　　既然需要友情，親友之間就須有互動情形，相互走動，相互照應，相互拜訪，相互約宴，以增進友誼，這也是一種樂趣與享受。

⑵鄰居鄉親要處好：

　　　　這一點很重要，因為鄰居是日日都要見面的，也就是最能守望相助者。若處不好，是很痛苦的；若能親同手足，就可得到很大幫助與慰藉。

⑶見面禮節：

　　　　見面時禮節有舉手為禮，拱手為禮，鞠躬、脫

帽、握手、擁抱、親面等，以舉手、拱手、鞠躬、脫帽爲佳，其他都不衛生。但目前最普遍是握手，最親熱是親臉。美國總統布希有一次與賴斯女士親臉，還碰到了嘴唇，親臉似不宜推行。林語堂博士不贊成握手，他與人相見，只是拱手不握手。在醫院浴廁等處，絕對不可握手。

G.最好的享受——笑：

　　人類有一種最好的享受，可惜有些人不會運用。「笑」是僅僅人類擁有的享受，其他動物都不會笑。上帝賜予人類會「笑」，人類就應好好運用，生活中常帶笑容，才有生氣。抬起頭，挺起胸，豎直腰幹，面帶笑容，這就是最美麗的姿勢。笑可以和緩緊繃的神經，可以均衡身心的發展，更可以使別人對你發生好感。家人聽到你的笑聲而倍感溫暖，朋友看到你的笑容而格外喜悅，即使是陌生人，也可以因爲你的適時一笑而感到人與人之間的瞭解與和善，「笑」確是我們在健康上、社交上最雄厚的資本，也是我們隨身攜帶，取之不盡，用之無窮，價值連城的至寶，這項資本與至寶，只有會笑的人才擁有，也只有懂得享受人生生活的人才會運用，使自己快樂，也使別人快樂。

　　例如：最近有一位國際藝星（××俊）來台訪問，從一打開機門，就看到他的愉快笑容，一直到兩天期滿離開國內，大批人群都爭著看他、擁他、抱他。其實他

並未講甚麼話，也未有任何才藝表演，只是報以愉快的笑容就造成極大轟動，還要動用警力來維持秩序，這就是笑的力量。

H.旅遊：

旅遊可以增廣見聞及知識，在生活上來說是一種享受，但在身體上卻有一點累。旅遊必須有計劃，才有收穫。否則只是白遊，一點收穫都沒有。

旅遊的計劃很簡單，事先計劃旅遊地點、時間，就是準備甚麼時間到哪兒去。再者要準備當地的地圖或到達當地臨時買地圖，一路上要在地圖上知道到過哪些地方。除地圖之外，還要準備照像機以及一個小筆記本，以便隨時記下當地的特色以及一些新奇事物或感覺，這就是收穫。如果沒有這些計劃與準備，遊過日子一久就忘了，遊過等於沒遊。

我這一生旅遊過的地方不少，只可惜有一些地方沒有計劃，所以收穫不多，甚至連遊過地方的地名都忘了，或只有一個模糊的印象而已，所以我深深感覺旅遊計劃的重要性。

如果要帶家人旅遊，則要分批出遊，出遊返家後，應向未出去的家人作報告，以增加旅遊的收穫及感受。

I.瀟灑人間走一趟：

⑴瀟洒人間走一趟，且不虛此行，是人生對生活最好的願望，然則究竟怎樣，才算瀟洒呢？瀟洒是清高脫

俗、風流倜儻的樣子。人要過得瀟洒，首先在思想上要能解放不羈，自由自在，儘量發揮自己的想像力，悟出眞理所在，作爲一切作爲的準據，一切作爲都應是正面的。

⑵人類文明是不斷進步的，每一個人對文明的進步都應有所貢獻，盡一點力，才不愧列爲人類。

⑶不要太嚴肅，人生在世，要有一種遊戲人間的感覺，此即凡事要以超然脫俗的態度對之。林語堂博士說：

　　「有一次，我在牯嶺避暑，躺在山頂上，遠遠看到南京城內有兩個渺小如螞蟻一般的人，正在那裡拼命地爭奪一個報效國家的機會，這從遠方望過去，其情況更覺得有一點滑稽。所以許多人都以遊山玩水有一種化積效驗，能使人清心淨慮，掃除不少的妄想。」

　　上面這一段，就是超然脫俗的想法，瀟洒的人，就有這種態度。

J.注重儲蓄：

　　儲蓄是一種生活保障，也是一種惜物美德，更是一種快樂。家中應講究儲蓄。儲蓄不拘多少，有儲蓄就好，所謂有備無患。記得我幼小時，家鄉時常淹水，沒有儲蓄的鄉人都紛紛往外逃荒乞食，有些人都餓死了。我們家中因父親平時講究儲蓄，所以能度過難關。

　　無儲蓄是很痛苦的，有儲蓄就有快樂，家人也會過

得安心而膽大，生活也會過得更愜意。

5. 家庭之樂

A. **敬祖：**

　　這裡談敬祖是要人不忘本，對祖先感恩並以敬祖培養家中孝道，讓家人行孝，家道自會興旺。敬祖應具有儀式：

⑴在家中應供奉祖先牌位，以作爲祭拜紀念之用。

⑵過年過節應敬拜祖先，年節除夕，全家人吃團圓飯，此時應追懷祖先，祭拜祖先。

⑶敬祖是孝道的表現，對先人懷念感恩，對子孫有啓發孝道的教育作用。

⑷家中行孝，子孫不會變壞人，自覺如果不上進，會對不起祖先。

⑸祭祖也表示不忘本，如果你不敬祖，將來你的後人，也不會紀念你。蔑視祖先，即會沒有後人，家道不會興旺。

⑹現在我摘錄林語堂博士的一段主張敬祖的談話（按林博士的父親是基督教牧師，林博士可以說是基督教世家）：

　　「中國的社會生活都組織於家庭制度的基礎之上，乃是人所共知之事，這個制度決定並潤色整個中國式生活的模型，但對於生活之家庭理想是從何而來

的呢？這問題從來沒有人提出過，因為中國人都視之為固然，而外國人則自覺不夠資格去問這句話——把家庭制度作為一切社會和政治之基礎。大家都知道孔夫子曾給以一個哲學的根基，他非常之注重夫妻關係，認之為一切人類關係的根基，也注重孝敬父母，每年祭掃祖墓崇拜祖先和設立祖先祠。

中國的對祖先崇拜，曾被某些著作家稱為一種宗教，我相信這句話在某種程度上是很對的，至於它的非宗教方面，就在於它的裡邊很少超自然的成分。它不涉神怪，所以崇拜祖先，不妨和信仰基督、仙佛或回教、神道同時並行，崇拜祖先所用的禮儀造成一種宗教的形式，非常之自然而且合理。因為凡屬信念是不能沒有方式的。照這種情形而論，我們為對著一塊長約十五英吋的長方木牌表示善意，其尊敬程度和英國把英王肖像印在郵票之上，並沒有什麼高下。

第一，中國人對於這種祖先之靈，並不十分視同神道，而不過當他如在世的長輩一般侍奉他。並不向他祈求福祐，也不求他治病，並不像普通的崇拜者和被崇拜者之間的必有一種「施必望報」的情形。第二，這種儀式不過藉這一天使全家團圓一次，並紀念祖先對於這個家庭所貽的世澤。這種儀式充其量不過如替長輩做一次小規模的生日，和平常替父母做壽，與美國的舉行母親節並沒有什麼分別。

　　　　基督教士不許中國信徒參加崇拜祖先的儀節，其唯一反對的理由是：因為祭祖之時，大家都須跪著磕頭，認為是違反十誡中的第一條，這是基督教士太缺乏諒解的表徵之一。」

　　　　林博士是基督教世家都主張敬祖，我們更應敬祖，且敬祖可與基督、仙佛或回教、神道等並行。

　　　　天主教與基督教同是以基督耶穌為主的宗教。現在天主教敬祖，而基督教不敬祖，敬祖是一種孝道行為，不敬祖就是一種違反孝道的偏差行為。

　　　　宗教可以依各人的認識去信仰，但不論信仰何教，人類應當敬祖。因為敬祖是不忘本，是對祖先感恩和追思的一種紀念，是天經地義的人類行為。

B.夫妻間的相互砥勵與照顧之樂：

　　　　夫妻感情，是家庭快樂穩固之基礎，夫妻要相處和睦，互相恩愛砥礪，風雨同濟相扶持，甘苦與共不分離。夫妻如懂得享受生活，到處都是樂趣，可以在家事方面相互享樂，可以在文藝方面相互享樂，更可以在工作方面相互砥礪享樂，現在舉三對夫婦的生活享樂的事例如下：

⑴蔣坦與秋芙

　　　　在蔣坦所著「秋燈瑣憶」中，敘述其夫人秋芙如何與之享受生活的樂趣，現在錄「秋燈瑣憶」原文一段如下：

「秋芙謂余云「人生百年，夢寐居半，愁病居半。襁褓垂老之日又居半。所僅存者十一、二年，況我輩蒲柳之質，猶未必百年者乎。」

秋月正佳，秋芙令雛鬟負琴，放舟於西湖荷芰之間，時余自西溪歸，及門，秋芙先出，因買瓜跡之，相遇於蘇堤第二橋下，秋芙方鼓琴作漢宮秋怨曲，余為披襟而聽。斯時四山沉煙，星月在水，琤瑽雜鳴，不知是天風聲或環珮聲也。琴聲未終，船唇已移近漪園南岸矣。因叩白雲庵門，庵尼故相識也。坐次，採池中新蓮，製羹以進，色香清洌，足沁腸腑，其視世味腥羶，何止薰蕕之別。回船至段家橋，登岸，施竹簟於地，坐話良久。聞城中塵囂聲，如蠅營營，殊聒入耳。其時星月漸稀，湖橫白露，聽城頭更鼓，已沉沉第四通矣，遂攜琴划船而去。

秋芙所種芭蕉，已葉大成陰，陰蔽簾幙；秋來風雨滴瀝，帙上聞之，心與俱碎。一日，余戲題斷句於上云：

是誰多事種芭蕉？

早也蕭蕭！

晚也蕭蕭！

明日見葉上續出數行云：

是君心緒太無聊？

種子芭蕉

又怨芭蕉

字畫柔媚，此秋芙筆也，然余於此悟入正復不
淺。

夜來聞風雨聲，枕簟漸有涼意，秋芙方卸晚妝，
余坐案傍，製百花圖記未半，聞黃葉數聲，吹落窗
下，秋芙顧鏡曰：

昨日勝今日

今年老去年

余憮然云：「生平不滿百，安能爲他人拭涕？」

夜深，秋芙思飲，瓦銚溫燉，已無餘火。欲呼小
鬟，皆蒙頭戶間，爲趾離召去久矣，余分案上燈火置
茶灶間，溫蓮子湯一甌飲之。秋芙病肺十年，深夜咳
嗽，必高枕始得熟睡。今年體力較強，擁髻相對，常
至夜分，殆眠餐調攝之功歟。

余爲秋芙製梅花畫衣，香雪滿身，望之如綠萼仙
人，翩然塵世。每當春暮，翠袖憑欄，鬢邊蝴蝶，獨
栩栩然不知東風之將去也。

(2)李清照與趙明誠：

在一本詩詞欣賞中得知李清照與趙明誠夫婦在文
藝與工作方面的享樂。著名的詞人李清照出身於貴族
的書香之家，她的外曾祖父王拱辰是狀元，父親李格
非官拜禮部侍郎，她亦嫁到顯赫家庭，她的翁公趙挺
之是宰相，她的丈夫趙明誠對考古學極下功夫，以

「金石錄」一書，名聞天下。趙明誠曾任萊、淄兩州知事及潮州太守。在這樣的富貴家庭，要是在旁人來說，一定是過著奢侈墮落的生活，可是她與其丈夫一直過著求上進的生活，共同享受著高品質的樂趣：

a.在工作方面的享受：

　　趙明誠編金石錄，李清照是參與工作的，他們夫婦每夜工作以點完一隻蠟燭的時間為度，有時整理舊籍，加以題籤，有時共同商量批評前代繪畫彝鼎，而且他們的工作中，有時還作某種競賽遊戲，譬如，某件事在某書、某頁、某段、某行，如果誰說對了，便是勝利者，失敗的一方要煮茶獻奉，有時還會把茶弄翻於懷中，大笑而更衣。這是一種別具風格的閨房樂趣。

b.在文藝方面的享受：

　　就天資來說，清照或穎於明誠，明誠常以在文學創作上無法趕上妻子為憾事。起初，他還不服氣，曾經有一年的重陽，清照填了一闋「醉花陰」的詞寄給明誠，那時他們夫婦不在一起，大約是明誠在京服官或候差，明誠接到這闋詞之後，窮三日三夜之力，填了十五闋詞，把清照寄給他的這一闋詞也抄雜在裡面，不標明作者，一起拿去給內行的朋友們品評，看哪一闋最好。他的朋友們細細品評之後，指定最好的一闋是：

「薄霧濃雲愁永晝，瑞腦噴金獸；佳節又重陽，寶枕紗幮，半夜涼初透。

東籬把酒黃昏後，有暗香盈袖；莫道不消魂，簾捲西風，人比黃花瘦。」

這闋詞正是李清照所寫。趙明誠自此之後，對妻子就甘拜下風了。

c.在樂趣方面的享受：

他們是非常恩愛的，清照常有纏綿悱惻之詞，寫給明誠，譬如「采桑子」：

「晚來一陣風兼雨，洗盡炎光，理罷笙簧，卻對菱花淡淡妝；

絳綃縷薄冰肌瑩，雪膩酥香，笑語檀郎，今夜紗幮枕簟涼。」

(3)胡適之與江冬秀

關於胡博士的家庭之樂，可以從胡適的詩中看出其梗概，現錄二首如下：

a.新婚雜詩之五：

十幾年的相思，剛才完結。

沒有滿月的夫妻，又匆匆分別。

昨夜燈前絮語，全不知天上月圓月缺。

今宵別後，更覺得窗前明月，格外渾圓，格外親切。

你該笑我，飽受了作客情懷，別離滋味，還逃

不了這個時節。

b.我們的雙生日（贈冬秀）

　　　　她干涉我病裡看書，

　　　　常說「你又不要命了？」

　　　　我也惱她干涉我，

　　　　常說「你鬧，我更要病了！」

　　　　我們常常這樣吵嘴……

　　　　每回吵過也就好了。

　　　　今天是我們的雙生日，

　　　　我們約定，今天不許吵了。

　　　　我可忍不住要寫一首生日詩，

　　　　她喊道「哼！又做什麼詩了？」

　　　　要不是我搶的快，這首詩早被她撕了。

C.對家人的愛護與關照

(1)惜緣：

　　　　人生相處就是緣，能成為家人更是緣中之緣。我們應當惜緣，好好愛護家人，珍惜這份相處的時間，我現在就後悔未能在離家之前好好看看祖母、父母的容顏，現在想看卻看不到了；未能好好侍奉父母，現在想侍奉卻無法侍奉了，真是子欲養而親不在。

(2)注意家人的精神寄托與希望：

　　　　對家人最好是能讓家人各有其精神上的寄託與希望。如能這樣，家中每人都能發奮向上，過著積極進

取的快樂生活，家道也會自然興旺。

(3)小遊：

　　人的心情不會直線上昇，一定有起有伏，所以須予以調劑，出外小遊或欣賞大自然，可以調劑精神與心理上的起伏，應常常帶家人出外小遊，或欣賞大自然。欣賞大自然可以調劑低落的精神及清淨頭腦。有人說，天堂真好，其實，地球就是最好的天堂，到處都有美景，四季各有特色，人在地球上循著季節而生活，比在任何地方都好，還要到哪裡去另找天堂？出外小遊與家人同樂，並藉以在外小吃一頓，是很好的調劑，是很大的快樂。

D.重視後代教育

　　教育是人類進步的根源。人類如果沒有教育，則文明進步、生活品質、社會制度及福利等，都會受到很大影響。所以教育好，是興盛的表現；教育不振，則是衰敗的徵象。

　　人類應重視教育，尤其應特別重視後代的教育，後代教育，能使人類一代優於一代，素質會愈來愈高，生活也會愈過愈快樂。

第六章
詩　　文

小引

　　這幾篇詩文，我本想把它列為附錄，但看到五篇散文，對人有啟發上進、增進情誼的作用。幾首詩詞，也都是孝敬、感恩、求真、求美的祥和之詞。一部詩經，可以看出周朝興盛、祥和之理。詩能影響國風，對人有變化氣質的作用，符合本書主旨。尤其在閱讀很多述理的文字後，再讀幾篇詩詞，更有調劑閱讀口味之樂趣，所以把它共列為第六章。

　　昔日白居易寫詩，稿成後先拿給老太婆看或唸給她聽，如果她不懂，就拿回修改，一直修改到她能懂為止。所謂「白居易的詩，老嫗皆懂」，大家喻為好詩。現在報上登載的一些詩，有些很好，有些就是大學士都不知它在說些什麼。如此，怎能化育社會？

　　胡適博士提倡白話文與白話詩，就是要文字普遍化，寫大家都能看得懂的活文學。他說「要用註解的，不是好文章；看不懂的詩，都是笨謎。」所以我們作詩，起碼要讓別人看得懂才好。

　　至於傳統詩，現在報上少載。但它有其獨特的風味，就是將幽雅、優美融入大自然，用字的巧妙，讀起來也很有氣魄，這是別國文字所不及的。一首好的傳統詩，如把它翻譯成白話詩或他國文字，它的幽雅、優美、巧妙、氣魄，就會消失很多。這是我國文字特有的藝術，應予保存。

　　現代詩人余光中教授也說過「科技是忙出來的文化是閒

出來的。現在由於科技發展快速,社會已經成了「速食」文化。譬如古詩有其一定的價值,但因大家太忙,已經失去了欣賞大自然及人類情感的悠閒心情。物質享受多了,反而失去了快樂及生活目的。」他的看法很對,所以在本章也刊載了一些傳統詩。

現代詩：

乳 名

德山！

德山！

多麼溫馨、慈祥的呼喚

多麼親切、熟悉的聲音

天氣涼了，聽到這樣的呼喚

叫我加衣

肚子餓了，聽到這樣的呼喚

叫我吃飯

天色暗了，聽到這樣的呼喚

叫我回家

遇到危難了，聽到這樣的呼喚

叫我好好應付，不要怕

從小就喜歡聽這種呼喚的聲音，一直聽到長大，永遠不會忘記它

在家中廳櫃內，父親寫了「德山」兩個字，要打開櫃門，才看得到

在裝田契的木盒內，也寫了「德山」兩個字，要打開盒蓋，才看得到

在我腦海深處，更刻了「德山」兩個字，只要喚此乳名，就會使我想起很多往事

　　自從離家後，就沒有聽到這種慈祥的呼喚了，也沒有聽到那親切的聲音了

　　祖母！父親！母親！

　　我好想聽到您們再喚我一次，再喚一聲：

　　德山！德山！德山！

　　快──回──家啊，快回家。

一把愛國種子

一把愛國種子

散播在蔥嶺長白之間

經由黃河長江的灌溉

發出芽巔

正當成長的時候

東海波濤掀騰

風吹雨打

海棠葉重受創痕

軍校同學會

驚覺了這群幼苗

移植革命林園

在成都、在貴陽、在天水、在迪化、

三經寒暑，已茁壯成雙十大樹，能為海棠葉

立地頂天

不料東海浪始平

北原又烽煙

大樹啊

以前你想為海棠葉遮風蔽雨

現在你應為海棠葉灑露滋鮮

寄思

　　　　夜這樣靜
　　風這樣涼
　　　　不知伊人
　　現在怎麼樣

　　　　月亮，月亮
　　希望你的光
　　　　照進她的房
　　　告訴她：
　　我的無限思量

旅途思親

連日旅途行進
　　夜間夢裡
總是幕幕鄉情
　　今晚特別交代馬伕
要餵好馬匹
　　不要讓牠夜間叫鳴
馬嘶驚我夢
　　不得會雙親
馬嘶驚我夢
　　思鄉到天明

夢　痕

少小離家後
　　　受盡了孤獨
回家的路太遙遠
　　　更飲盡了離愁
昨夜夢裡回家
　　　沒有見到父母
卻看到剛採的桑麻
　　　祖母問我是否還要離去
我說再也不願分隔天涯
　　　說畢就伏在祖母面前哭泣
醒來淚已滴濕枕紗
　　　親在何處
窗外月斜

壯士多年歸

久經戰場馳騁
　　　鬢上帶有幾點霜雪
往日的少年
　　　已逝去許多歲月
　　　壯士返鄉了
愛國的熱忱
　　　迄未稍歇

過去奮鬥歷史
　　　如今卻已成了灰末
所有的功績
　　　今後都不必再說
　　　壯士返鄉了
昔日的勳章
　　　依然閃爍

鄉愁

一看到月亮
　　就思念故鄉
不看她了
　　回房睡覺
久別的父母
　　忽然來到
慈祥依舊
　　只是容顏憔瘦
說舊時庭院已毀
　　說到處兵慌馬跳
我正悲喜交集
　　急問弟妹概要
玉昭推我：
　　爲何囈語亂叫

珍惜此刻

盛開的花
　　　　已謝了很多
昨日的詩
　　　　也成了舊作
世上的一切
　　　　都將很快過去
對當前所有
　　　　應該
趁時加倍珍惜

盛開的花已謝了很多

盛開的花
　　　　已謝了很多
昨日的詩
　　　　也成了舊作
未來的一切
尚在成長計劃
惟此刻事實
　　　　才是
真正實際生活

重遊初遇地

從前在這個門內
有一位美麗少女與春風相遇
現在那位少女不知到哪裡去了
門庭依然是往昔的情景
勾起我很多甜蜜回憶
窗戶前的倩影
沙發上的笑容
處處都還感到溫馨

從前在這個門內
有一位美麗少女與春風相遇
現在那位少女已不在這裡了
地上應還留有她的芳跡
更使我想起很多往事
校園內的大樹下
教室外的雷雨聲
現在心裡還有餘韻

月下心願

想起清靜夜
　　想起月光下
在高高圍牆內
　　只有我們兩個
談談現實生活
　　談談未來許多
你喜歡聽我細誦的詩
我喜歡聽妳輕哼的歌

望著牛女星
　　祈個溫馨願
在美麗仙島上
　　也有我們兩個
妳陪我雲遊各地
　　我陪妳賞花院亭
自由自在相照應
翱翔比翼不分離

青雲

　　天空中開了幾朵棉花
　　　　千萬別小看了它
　　它能呼風喚雨
　　　　只要不失常序
　　就會澤被大地

　　天空中開了幾朵棉花
　　　　千萬別小看了它
　　它能雲遊無阻
　　　　看遍世上
　　醜陋卑劣、美麗英良

　　織女愛它、棉花可以紡紗
　　　　嫦娥惱它，有時會被遮光
　　安得有志青年步上雲程
　　　　與星月為伍
　　在霄漢徜徉

送病

病，我現在很忙
　　沒有時間見你
請你趕快離去
　　悄悄地走
不要說再見
　　若要聊天
去找閒著無事的人

病，我喜歡運動
　　深惡不潔事物
請你趕快離去
　　走得無影無蹤
永不再見
　　否則
醫生會帶槍伺候

冷靜忍耐

　　脾氣就像一包炸藥
　　　　常在埋怨之後爆發
　　脾氣也像兩根火柴
　　　　常在磨擦之間爆發
　　不論何種脾氣，都會
　　　　傷害別人，也傷害自己
　　解決的良方
　　　　就是冷靜、忍耐
　　冷靜確是脾氣的剋星
　　忍耐可得圓滿的結局

歲月催不老思念

　　　　在陸林住過，從未認定那裡
是我的故鄉
　　　　在五柳住過，雖曾努力想認同
這個地方，但也不能代替故鄉
　　　　在楊嶺住過，一開始就認定
它是我的故鄉
　　　　因為
那裡是我生長的地方
　　　　也是我最早居住的地方
那裡曾經
　　　　有我敬愛的親人
　　　　有我溫馨的家園
　　　　有我互動的鄰居戚友
　　　　有我小時求學走過的
　　　　　　道路與橋樑
　　　　也有我兒時捏過的泥、
踩過的土、玩伴、熟悉
的樹林和花草香

　　　　滄桑變遷，原鄉早已不復存在，
但那裡仍然是我永遠的故鄉

因爲在心理上它並沒有渺茫

　　事實上雖然一切都變了，腦
子裡對它總是充滿著昔日情景
與兒時印象

　　歲月催老了人生
催不老我的思念

歲月催老了人生，摧不老我的思念

露

懷著慈悲心情
　　滋潤草木、人心
當夜深人靜後
　　揹著亮晶背包
默默獻奉
　　月亮知道
它是無名英雄

深體好生之德
　　實施救苦救難
當天旱物萎時
　　大家都爭著取水
甘露卻慷慨付出
　　但求拯救萬物
讓百花艷紅

露滋潤草木人小讓百花艷紅

破　鞋

雖沒讀過萬卷書

卻陪你走過萬里路

不管崎嶇危陡

腳踏實地，履險如夷

默默承受負擔

它從不說一聲累叫一聲難

擦去僕僕風塵

補好破處線脫

不管千里萬里

怕你孤單，緊隨作伴

只要你不丟棄

總會跟著你走遍天涯海角

一個偉大的服務者

道路有個很好的朋友
　　當路至窮途時
　　它會伸出援手
這個朋友也是行人的導師
　　當無路可走時
　　它會載引過河
不管颱風下雨
　　它總在隄邊等候
不管嚴寒酷暑
　　它從不說聲苦愁
不管行人多少
　　它會一一接走
不管負擔多重
　　它都默默承受
它反對流水阻隔行人
　　也配合流水讓風景更優
它愛護青年
　　更尊敬長者
昔日張良爲黃石公拾履
　　就是它的傑作
　　究竟

它是何許人也

　　它的名字叫──橋

颱 風

海浪像屋頂捲向岸上

　　河流如萬馬奔向海洋

樹木低頭彎腰逃跑，卻跑不動

　　五穀蔬果，都遭了殃

鳥兒不知去向

　　魚兒游在路上

空中飛的，都是斷枝破片

　　呼嘯的聲，又尖又強

行人淋雨，不能撐傘

　　車輛找路，有時誤入河川

有些道路，沒有出頭

　　有些橋樑，斷在河中央

高處房屋，有些被風雨吻破門窗

　　低處房屋，好像在飄蕩

颱風眼很大

　　想必也看到這些創傷

請補償性地幫個忙

　　吹走害人的細菌

洗盡所有的污髒

地　震

雷聲不在天空
　　　卻隆隆地響在地中
建築物都喝醉了酒
　　　搖搖動動
地面顫裂凹凸
　　　湖池水波碰衝
好像是大地在怒吼
　　　來無預警去也匆

常在瞬間震盪
　　　造成極大損害、傷亡
災禍遠勝颱風
　　　堪稱百災之王
如果帶來他的海嘯朋友
　　　爲害將更瘋狂
預防之道
　　　應儘快積極研商

賢妻的早晨（抽油詩）

（我家開服裝店）

妳買衣，她買毯

　　妳買，她看

她買，妳看

　　來的來，往的往

熙熙攘攘

　　早點、洗衣、買菜

家事等著做

　　店客不斷喊

我本想幫忙

　　顧客說勿知影

真虧好太太

　　忙得團團轉

本想坐一下

　　客人又要買傘

她臉上雖在笑

　　肚裡還未早餐

看在我眼裡

　　疼在我心坎

貝殼與維納斯（Venus）

多年以前
　　　　我們就結了緣
妳是海上美麗的女神
　　　　我是爲妳墊腳的貝殼
載妳到過天涯、到過海角
　　　　走遍了海洋，也到過了蓬萊
有時憑水臨空
　　　　有時隨波御風
形也相伴，意也相融
　　　　全力載托，忠心護從

　　　莫說墊腳是卑微，因爲
這是我的職責，盡職是平等的
　　　莫說合作要地位相當，因爲整體，必須由各個功
能不同的個體組合，各司其職。功能是平等的
　　　莫說職微就可不予重視
但重要性是要依其價值評定的
　　　最後還是要靠「緣」，相遇就是緣，合作更是
緣，要珍惜這份緣，千萬別輕忽地錯過了這份緣

一切長留心中

（每聽到唱「重相逢」這首歌時，我很感動，就將
1939.陰曆 2.11 離家的真實情況填了這首詞）

離家匆
　　母親囑保重
　　旅費縫衣縫
祖牽手
　　父送囑咐
　　投宿莫待暮
兒船發航
　　父立岸隴
　　久久遙望送
直到視線
　　漸漸朦朧
從此分隔西東

要相見
　　只有夢裡逢
　　何時能入夢
往日事
　　消逝無蹤
　　時光何匆匆

兒時庭院
　　慈祥親容
　　別後不曾重
回憶往事
　　感慨無窮
一切長留心中
一切長留心中

小飛俠

　　我傾慕那飛簷走壁、憑水御風的輕年

　　他雖武藝高強

　　只是便捷行善，不會仗勢凌人

　　遇到婦孺有難或窮人生病時

　　他會伸出援手

　　我嚮往那一躍數丈、來去無形的輕年

　　他雖身帶笛劍

　　慰善解除痛苦，懲惡不輕取命

　　遇到弱者被欺或行人遭劫時

　　他會勇敢救援

　　　　俠風本是：

　　義以救弱、慈以濟難

　　　　他就是

　　一生慈義一身愛

　　不畏強權不要錢

家

船在海洋遇到狂風大浪
　　要有一個避風的港
鳥在空中遇到急風驟雨
　　也有一個安全的窩
人在創業奮鬥中，更應有一個
　　精神寄托的家

無根的浮洋，就沒有家
　　今天流到池塘東
　　明天轉到湖水西
沒有定所，不知方向
　　到處流轉飄蕩

家可讓你心情安定
　　放心打拼
成果有人共賞
　　挫折有人慰撫
無論是在風中、在雨裡
　　都不會感到孤單
累了，家的溫暖可讓你恢復
厭了，家的幸福會鼓勵前進

這種溫暖與幸福所孕育出來的力量
就是人生奮鬥的無窮泉源

侶情

1.

雨停了

晴空尚有殘餘虹霞

空氣特別新鮮

大地一片翠華

她應該來了

爲何到處找不到她

約定是看午場電影

現在時鐘已打兩下

難道是她記錯了地點

不，明明約定在公園樹下

難道是家中不讓她出來

不，先一天她就說

已向媽請准了假

癡癡地等

不敢離開一下

更不管附近你我他

2.

遠處出現了一位少女

穿過池邊幾處小花

苗條的身影

襯托著一頭秀髮

清爽的衣裙

隨著腳上的高跟鞋

步步飄紗

啊！是她

她終於來了

迎向我笑靨如葩

「對不起，我遲到了

你等待很久了吧？」

「兩個小時多了

肚子快餓垮」

「家中有事離不開

好不容易才說服了媽」

　　　3.

西門町的電影

錯了時差

我們就到烏萊

觀賞瀑布與山花

溪水清澈

深淺可察

大小石頭

代替了泥沙

我倆脫鞋

牽手戲踱在清泉下
幾對魚游
一雙影斜
　　4.
靠在石邊
穿好鞋襪
到達岸上
找到一處籬笆
坐在樹下
傾訴著心底的話
忘了時間遲早
不知夕陽西下
更不管樹上昏鴉
要不是看到幾處燈火
差一點誤了最後班車回家

美術老師的畫

遠方的風景很美

冒著炊烟的家庭很溫暖

很想去看看

卻找不到可去的路

找不到該走的路時

要把握方向試著去走

　或自闢途徑或繞道行進

現在夕陽西下

還是快回自己溫暖的家吧

附記：

　　上面第一段是我讀中學時，一位諶姓美術女老師在黑板上貼了一張她畫的圖教我們學著畫，我交卷時，在圖上另寫了四句詩。

　　第二段是老師將圖修改後發還，在我畫的圖上又多添了一個夕陽，並回了我幾句詩。

　　兩段連起來，能讓我回憶美好的中學時代。

傳統詩：

1988 年元旦

一年易逝節頻催　暑往寒來歲不回
元旦迎龍開瑞運　新詩起鳳絕塵埃
思親常入孩提夢　憶景猶懷故里梅
期約柔條飄絮日　歸看楊柳滿隄台

秋登陽明山

楓紅梧瘦日光柔　閒上陽明作小遊
點點歸舟朝北淡　層層霞彩染西樓
幾行飛雁隨雲遠　一片鄉心隔海愁
遙望天邊思往事　風塵僕僕爲神州

在外初過年節

紛紛飛雪繞山莊　遊子天涯思故鄉
遙憶今年除夕夜　團圓席上少兒嚐

夜讀家書

寒宵燈下家書珍　句句念兒渺渺身

別後健康堪告慰　最深痛苦是思親

感　懷

寧靜觀雲樹　從容登岳峰

晴空千萬里　一悟達蒼穹

在東南亞

訪越歸國　飛經南海

南海臨霄空　家園北望中

雙親恩未報　愧疚對蒼穹

慶網溪詩社成立十週年（1986 年）

墨客詞人聚網溪　騰蛟起鳳絕雲霓

欣逢元旦人稱慶　正值家鄉雪滿隄

文會誼同春夜宴　詩成月照小樓梯

十年吟得民生樂　托予東風播向西

賀友人七旬壽

爲國辛勞往事悠　精神奕奕見雙眸
心花猶似苞方放　文思更如泉湧流
北斗南天增歲月　古稀今始又新猷
高朋滿座皆詞客　頻呼兒孫添酒籌

五股鄉頌

後倚觀音前瞰原　青巒翠谷織公園
左憑關淡如龍臥　右擁山林似虎蹲
優秀人才代代出　溫馨情誼村村存
眼看台北心天下　萬里鵬程此作根

夢裡回家

夢裡非眞我
醒來才自知
連年兵馬亂
遊子歸家遲

在武陵農場度假

悼柳同學

> 三年黔筑習兵戎　　素悉壯懷凌漢空
>
> 露宿風餐野外並　　槍林彈雨戰場同
>
> 金門別後萍蹤渺　　南部見時曇景匆
>
> 上月探君相落淚　　怒潮今日泣飛蓬

軍校廿期同學會（1987 在英雄館）

> 英雄館裡論英雄　　座上均曾建赫功
>
> 山岳江河胸內策　　彈光烽火面旁虹
>
> 常思雪地偕騎馬　　復憶古城同習戎
>
> 別易聚難宜盡飲　　這杯乾後幾時逢

題贈同學

> 唐稱威世白詩香　　傑出家風源遠長
>
> 文筆能推乾道轉　　如今又見紫薇郎

題贈友人花蓮新居

> 鍾靈毓秀卜花東　　地勝南陽隱臥龍
>
> 几淨窗明迎瑞日　　千山萬水會春風

調赴金門

為國為民近十年　東西南北未停鞭
精忠塑就現今我　不怕犧牲不要錢

進駐烈嶼前線

昔日河山見眼前　峰巒點點恨綿綿
別來無恙故鄉土　直想即時登上巔

八二三砲戰㈠

　　829 下午砲戰正酣，我的壕溝指揮所頂蓋被擊中，人被震昏，即時醒來一看；手錶已被震失，鋼盔飛落他處，身旁電話機已毀，電話兵、傳令兵均已負傷，稍作整理，繼續再戰：

砲火隆隆光滿天　彈痕震震爆身邊
濃煙籠罩乾坤混　戰到酣時膽萬千

八二三砲戰㈡

砲戰已進行月餘，附近草木無存，飛鳥殆盡。遙望敵陣山崩土翻。我方工事，亦戰至殘缺，弟兄傷亡達四分之一（全連95人，死1，傷24），惟防線仍固若金湯，夜深砲聲漸寂之時，巡視陣地有感：

月暗星昏壘破邊　砲聲漸寂陣猶全
遙望海峽思鄉土　戰火彌天不克旋

感嘆時光流逝

似水流年負少郎　舊時情景何茫茫
夢中猶會重相見　醒後教人更斷腸

贈玉昭

青少胸懷滿是夢　情如詩畫志如風
涼涼靜月溫馨夜　兩顆星星永伴同

憶家鄉春景

陽春三四月　　信步門前池
淺草隨坡綠　　絮楊沿岸絲
菜花金滿地　　麥浪海無涯
最是微風拂　　新香處處施

他鄉遇故知

國土期收海外逢　　關山難越路千重
夢回鄂沔尋兒伴　　遊共湘祁憶舊蹤
跨馬剛平東島亂　　憂熊又煽北原烽
英雄終是堅貞士　　歷盡冰霜見柏松

小　鎮

小鎮多風趣　　佳人添雅意
誰家花一枝　　遙指朱門寓

相　逢

純純款款似初苔
有幸相逢扉欲開
春色芳菲藏不住
幾絲秀髮飄過來

純純款款似初苔

青春作伴好返鄉

花香草綠柳條長　春日吟詩好返鄉
三十餘年鵑夢苦　八千里路馬蹄忙
山青水秀曾相識　城是人非倍感傷
欲報親恩何處達　家園破毀待重光

在南京玄武湖畔

贈　友（友人是醫生，詩寫得很好，浙江人）

亦談書畫亦論詩　識得春風綠滿枝
愛國常從佳句見　懸壺每把妙方施
天涯海角相逢晚　楚水吳山入夢遲
期約中原馳馬日　雨花台上細敲棋

遠　行（初次離家作於宜沙之間）

男兒遠道著征鞭　報國思親緒萬千
草野常憂天下事　胸懷圖熄塞邊煙
戰雲西轉家何在　江水東流念與遷
待到學成驅寇後　歸求父母恕遊愆

男兒到此是英雄

　　恩懷父母心憂國　　書讀聖賢兵習戎

　　提劍當平群醜亂　　立論應樹萬年風

　　多情天地容人物　　無主雲山任歷逢

　　處世孝忠胸曠達　　尤思得解眾生癃

生辰戲作（生日為陰曆八月十六午夜）

　　中秋醉月宮　　次夜貶凡穹

　　仙界休嘲笑　　世間多綠紅

申請改建眷村

　　八百芳鄰三十年　　共同攜手籌喬遷

　　窗前風雨燈前筆　　寫繪榮村一片天

參加地方春節活動申請眷村改建

寫家書

　　離家已三十二年，忽然與弟取得間接連絡，但對家中情形，一無所知，急欲寫信詢問，提筆不知從何說起，有感而作（古風）：

心有萬縷情　　不知從何云
更有千種事　　不知從何問
親情故鄉遠　　遊子天涯念
自從離別後　　音信無紙片
十年復十年　　何時才相見
時光與世事　　匯成一筆恨
夢中常返里　　醒後更增怨

眷村改建作業

桌上藍圖作業忙　　更深才覺夜風涼
沿窗向外望明月　　舊壁斜簷已上霜

眷村改建作業

天淨沙（當初離家實情）

異鄉面生境差

獨行無助日斜

前程茫茫多險

千山萬水

闖蕩在天涯

幕色濛濛麻麻

荒路危野少家

借宿老嫗茅舍

只知向前

安全哪管它

感　時

離家去報國

走遍全球天

仙島一棲息

世時大變遷

仙島－棲息世時大變遷

雲　景

> 看到天邊雲景幽　蓬萊仙境好春秋
> 倘如還有多餘地　想去旅行或住留

在美國旅遊考察㈠

> 來到地球另一端
> 看它浪裡挽狂瀾
> 最西峰上觀天下
> 誰是富強全世冠

在美國旅遊考察㈡

> 不怕保安防恐難
> 不容核武擴張寬
> 敢將科技挑新戰
> 敢為人權作衛干

在歐洲旅考察㈠

　　觀過凡賽羅浮光

　　憑吊諾灘古戰場

　　不管史時何樣變

　　歐洲春暖冬仍霜

在歐洲旅考察㈡

　　不信凡間畏冷冬

　　難知世界有貧窮

　　巴黎街上時裝暖

　　盡是美人紳士風

寫詩、著書、盡像

　　遊戲凡塵詩著畫，超然瀟灑筆生風

　　能教世上出仙子，不讓人間有醜容

散　文

中橫之旅

1.英雄館報到

　　1989 年六月十六日，天氣晴朗，雲淡風清，清晨七時許，北部地區同學齊集北市英雄館，有的握手言歡，有的互道平安，尤其幾位服務同學特別忙碌，魏同學與其夫人忙著清查人數及收繳經費，任同學、趙同學、陳同學等忙著招呼報到、發名牌、及安排上車事宜，好像又回到了從前將向學校報到而要開學的樣子。一會兒，每位同學都接到會長馮同學與其夫人合簽的一張小紅卡，上面寫著「但願長相依、共度好時光」。的確，這真是一個好時光，今天是我們軍校校慶的日子，是值得我們紀念與驕傲的日子，我們要珍惜它，從今天起，我們將有三天的中橫花蓮之旅，一則可與同學們互訴離別之情；二則可重溫同窗之誼，回憶昔日受訓情形。讓時光回流吧，讓我們再年輕一次，讓此紀念再給母校一點微薄回饋的光輝。

　　上車之後，見到會長夫人運來很多手提箱，並親自贈送同學每人一個。她身材豐潤而不肥胖，不怕累，這種濃情厚誼，再加上她那臉上常有的一份自然笑容與熱忱，博得同學們一致的感佩與喜悅，更給這次旅程開啓了愉快的

氣氛。

2.中橫果林

　　此次校慶紀念活動，參加同學共約八十餘人，分為南北兩團，南團一部車，由錢同學領隊，從高雄經台南、台中等地到中橫公路。北團一部車由時同學領隊，從台北經新竹、豐原等地到中橫公路。北部同學車上的導遊小姐請了病假，上車下車事宜，都由趙同學吹哨子招呼，好像代理了車掌小姐，這位很稱職的「車掌小姐」，沿途雖沒有報導名勝風景，也沒有唱一支導遊歌曲助興，但可也累壞了他，服務熱忱可佩且可愛。

　　北團中午到達豐原午餐。過卓蘭後，在谷關與南團會合。各地同學，平常分別各忙事業，此次大家見面，互訴離情，相報健康，尤其有一些很久沒有見面的同學，此次會了面，倍感親切愉快。

　　兩團向武陵農場行進，此時已進入中橫公路，全是山地風光，地形起伏，道路蜿蜒，青山綠水，景緻甚美，沿途果樹成林，盡是蘋、梨、水蜜桃等高級水果，尤其水蜜桃都已到成熟階段，紅潤柔軟，有的早已熟透，滴落滿地，令人見後急欲拾而食之，我不禁隨口吟出：「山路蜿蜒東，蜜桃熟透融，沿途結實累，幾處滴坡紅。」。

3. 武陵之美

　　武陵賓館在一個山谷之中，旁有小溪。我們到達時，已是燈火初上了。小橋流水，環境特別幽雅，山泉雖然潺潺，卻不失寧靜之美。山中氣候較涼，因在平地出發時，氣候較熱，有的同學沒攜帶禦寒衣服，此時即覺山中不勝寒，疑在廣寒宮。申同學身體特別結實，不怕寒涼，遇有畏寒同學，即將衣服借其禦寒，真是歷盡冰霜見柏松。

　　本日原擬遊覽兩處風景，一是谷園，二是武陵農場。因到豐原時，車子拋錨了約一小時，以致耽誤了谷園的參觀；由中橫轉入宜橫公路之後，又因途中堵車甚久，而耽誤了武陵農場的遊覽。在賓館晚餐後，各自休息就寢，房間舒適，兩人一間，晚納山風，夜聽泉聲，今夜想會有一個瓊樓玉宇的美夢。

　　十七日五時半起床，有的同學更早起晨跑至武陵農場內遊覽，有的則在賓館周圍，享受「晨間鳥語、松林蟬鳴」之樂，三五成群，夫妻對對，有的攝影留念，有的散步談天，此地真是一處世外桃源，無都市塵囂之擾，無工廠污染之煙，結廬在人間，而無車馬喧，今天雖然我們來了兩部車，當然屬於偶爾。

4. 太魯閣國家公園

　　在武陵賓館早餐後，向天祥出發，沿途層巒聳翠，並

曾望到雪山山峰，縱走天空，高接霄壤，雄偉壯麗，嘆為觀止。古人遊覽名山大川而胸襟大開，今日我輩，亦深感「多情天地容人物，無主雲山任歷逢。」。

經梨山時，下車遊覽附近風景，很多同學都在梨山賓館門前的一棵千年巨樹下攝影留念，中午在天祥午餐，天祥招待所為榮民事業之一，由王同學在花蓮負總責，今天他已先到此地安排，等候我們。

午餐後，潘同學急著到處找瀉藥，正好有一位同學帶有止瀉藥，要給其服用時，詢知他乃是「下水道不通」後，即臨時變卦說：「我不能火上加油，讓你沒有出路。」後來由王同學專車送至一家診所為其灌腸，「洗盡鉛華」後，精神百倍。

過天祥後，已正式進入太魯閣國家公園，先到接待中心聽取簡報，公園管理處贈送每位同學一頂紅簷運動帽，以便遊覽時遮蔽太陽，受惠不淺。

過接待中心後，地勢險峻，勝過長江三峽，陡壁數仞，峭岩千丈，溪流深落谷底，道路懸壁穿岩而過。為了能欣賞奇景，我們曾有一段路程下車步行。任同學說：「古人有兩句詩——山從人面起、雲傍馬頭生。」今日景象，實有過之而無不及。在此，我們也深深感佩當年退役袍澤開路之艱辛。

到九曲洞時，因有一部大型推土機在此修補道路，路面交通受到影響。東來西往的車輛大排長籠。此處既無交

通警察、又無紅綠燈號，你鑽我擠，最後塞至完全不能行駛。幸賴楊、吳兩位同學臨機應變，戴上剛才在接待中心受贈的國家公園紅簷帽，吹起哨音，東指西揮，將擁擠車輛一一排開，才能通過。此時其他車輛看到這兩位「仁兄」頭戴紅帽，口吹哨音，不知是何許人也，還以為是工程交通警察，所以都聽指揮。要不然，恐怕天黑之後，也到不了花蓮。楊、吳之功，實不可沒。

5.校慶紀念大會

十七時許到達花蓮，王同學招待參觀榮民之家，見裡面設備不錯，榮民們在此生活上受到很好的照顧，精神上也安排有各種宗教活動，任由各人自由選擇參加。

十九時到達花蓮英雄館，舉行校慶紀念大會，此時又有一部份同學從各地直接趕來參加。同學、眷屬、濟濟一堂。當唱校歌時，昔日受訓情形，歷歷如昨。現在事實，卻是往事如煙人告老、身棲蓬島心神州。大會在主席（馮同學）、老師（工二隊副隊長李先生）、北團領隊（時同學）、南團領隊（錢同學）、東道主（王同學）等講話後結束。當晚宿英雄館，回到各人房間時，又收到王同學贈送的一份厚禮——花蓮特產一大包。

花蓮為東部重鎮，有很多山地民俗及風景可以觀賞，也是我們這次計劃遊覽的重點之一，只可惜我們到得太遲，晚餐後，除少數幾位同學在將要打烊的市區逛逛之

外，其餘已無時間去觀賞了。

6.北返途中

　　十八日五時起床，早餐後，南團經台東、楓港等地南返。北團經宜蘭、基隆等地北返。在宜花路上，西望巍峨山巒，東覽浩瀚海洋，心胸甚爲曠達。

　　中午到蘇澳午餐，此時有一位同學身體不適，會長與幾位同學研商後，僱了一部計程車送其先返桃園，事後領隊時同學將該同學情形向全體同學及眷屬予以說明，處理甚爲恰當。

　　車過宜蘭後，在貓鼻角停留約四十分鐘，參觀海濱礁石及九孔養殖，並遊覽一座古廟。因本日爲星期日，來到海邊游泳、釣魚及參觀的人車甚多，車過蝙蝠洞後，道路堵塞，甚爲嚴重，想經基隆北返，寸步難行，會長與領隊等商量後，乃運用我們昔日在校所學的「避實擊虛」戰術，決定撇開基隆，由其側背山路直達八堵子，才免於基隆堵車之苦，十七時許到達台北，結束了這次旅程。

　　此次校慶紀念活動，計劃甚爲週詳，尤其得力於會長與幾位籌備同學事先到處連絡安排，才有今日這樣圓滿的旅程，實堪嘉許。

爭取眷村改建報告書

（一九九五年三月二十五日在中央政策委員會的報告書）

主旨：請政府主動改建眷村，以安民心。茲提出辦法如下：

1. 眷村改建，政府應主動行之：

全台眷村，都是簡易建材構築，屋柱埋入地下，牆壁為竹編泥敷，空間窄矮如豬舍（七坪、九坪、十一坪），當初構想，只是暫時的居住，住齡限期為十五年，現在都已住了三十餘年，樑柱早已蝕腐，接近倒塌階段，實在不堪再住，政府宜主動改建，解決問題。可是政府對改建從未主動，都是眷村自己在申請改建，政府只在每次選舉時喊幾聲改建眷村的口號罷了。而下級向上申請改建，猶如螞蟻推象，牽連的機關又多，怎麼推的動？例如中北部最大的陸光一村，眷舍八百戶，人口四千餘人，村內申請改建，辦了七、八年，好不容易完成法院認證，將眷戶資料、土地資料以及各項作業於一九九三年報出，至今兩年，仍未見到改建，這就是政府未能主動，而只是由眷村推動改建的困難。

2. 眷地放領：

改建眷村的最好辦法，就是眷地放領。如果政府不想在眷村上賺錢，實施眷地放領，政府可以不花一毛錢而全省所有眷村都能一起改建。且眷戶也可以不須為籌不出自備款而著急苦惱。況且實施眷地放領，眷戶有足夠的理由要求眷地：

A.全台眷村，均非由國庫出資興建，而是在古寧頭血戰、九三砲戰、八二三炮戰後，社會體念軍人犧牲為國，各界捐款購地，婦聯會募款建舍，這些捐募都是要贈予軍眷的。可是政府並未將他人捐贈產品發給受贈人，反而納為國有。我們不能說是違法，但總是剝奪了眷戶應得的權利，而政府賺去了產權。

B.軍人待遇微薄，已婚者無屋可住，政府乃編列預算，發給房租費供租屋居住。但自從把社會捐贈的眷舍暫借給眷戶居住後，房租費即被扣走了。每人大概都被扣十餘年之久的房租費，如以此算是分期付款，也足夠買下這間小「豬舍」，為何還要眷戶再買呢？這是政府拿他人捐贈的眷舍賺進了一筆房租費。

C.國防部目前所實施的眷村改建辦法規定改建後的房屋，由眷戶購買，政府以眷地公告地價69.3％補助，不足之數，由眷戶自行負擔。地價另外的30.7％，政府以0.7％作為改建作業費，30％收歸政府。是政府又在眷戶上賺去了30％的地價款。

D.眷村改建，因樓層增高，房屋增多，除賣給原眷戶每戶

一間外，多餘房屋，統歸政府收去轉售，是政府又在眷戶上賺進了多餘房屋的售款。

軍眷是可憐的一群貧苦者，生活都在痛苦中掙扎，何來餘錢購屋？政府為何不把他們住了三十餘年而且是社會捐贈給軍眷的這一點土地發給他們，而硬要眷戶再買呢？這種政策是不是刻薄殘忍呢？

據悉國防部擔心眷地放領後，眷村無力與建商簽建，恐怕土地被奸商騙走，或眷村負責人從中舞弊，發生很多糾紛。其實這是多餘的。政府可利用地價0.7％的作業費，將眷地整理出來，予以統一規劃，留出幹線與公共設施後，再將可建房屋的土地依各該眷村所需坪數，分成若干塊，抽籤發給眷戶，由各戶自行改建，即使發生問題，也是個案，絕不會影響整體。

軍人把他們最好的年青時代，全部給了國家，現在台灣社會這樣繁榮進步，他們卻是一無所有。所住「豬舍」與繁榮的社會，極不調和。生活還是停留在四十年前的狀態，政府應該主動解決問題。

軍校廿期同學 1990 年校慶活動紀要

三十餘年離別，八千里路雲月
河山壯麗應依舊，人事已非無處謁
鄉思永不歇

太平洋上乘風，台灣海峽挽弓。
大中華輝煌歷史，經多少聖賢豪雄。
看漢威再紅。

　　上面是筆者 1987 年在新生報上發表的一首詞。黃埔搖藍，的確造就了不少英雄豪傑，爲國家作了很大貢獻。即使在國家最艱難的時候，他們無論人在何處、身處何境，其胸襟心情，都是像詞中所述的耿耿懷念錦繡河山、念念不忘歷史責任，更盼望漢威再紅。今 1990 年六月十六日，是黃埔軍校建校六十六週年紀念，本（廿）期同學，畢業迄今亦已四十三載有餘。在這四十餘年中，雖是「國破山河在，風吹雨打萍」，然而同學們每年此日，都是盡可能地集會紀念，一則紀念校慶，關懷國家；二則藉此暢敘離情。去年我們以三日時間實施東海岸之旅，在花蓮舉行。今年每位同學是抱著「既興奮，又疚責，更盼望」的心情來參加。

　　六月十六日下午，各地區同學陸續抵達台北國軍英雄

館，同學、眷屬、濟濟一堂，握手抱肩，噓寒問暖，溫情滿室，笑語盈耳。十八時卅分許，開始舉行紀念大會。唱校歌後，會長馮同學致詞，除闡述校慶意義外，並感謝同學們的熱烈參予，尤其說明此次大會中有四點特別值得我們高興：㈠香港此次有林、吳、莊、劉等四位同學來參加大會，我們非常歡迎。㈡楊同學的母親，今年已八十四歲，剛從大陸來台不久，今天亦親來參加大會，可敬可佩。㈢還有幾位同學雖然身體不適，猶能抱病前來參加，如鄭、王、陸、于等四位同學，他們都是抱病參加，實使我們感動。㈣左老師此次雖在百忙中，猶能抽空參加我們的大會，更使大會生色不少。馮同學講話後，並當場對上述人員致最敬禮一鞠躬，以示謝意，此時全場掌聲如雷。繼之，左老師致訓，講述他最近在大陸上探親時的一則故事，並藉以勉勵同學們要發揚「親愛精誠」的校訓，同學們全體報以熱烈掌聲。

今天到會人數，約爲一百六十多位，餐席分爲一十四桌，會餐時，同學們席間互相走訪談敘，親愛精誠，溢於言表，乾杯、罰酒之聲，不絕於耳。香港來的林同學還特地輪流到各桌坐坐聊聊，談談過去的歲月，回憶昔日受訓的情景。如果你要問他此次來台灣有何貴幹，他即馬上毫不考慮地回答說：「是特別來看看你們的，特別來看看你們這些『壞蛋』的。」「壞蛋」二字，聲音還講的特別重，說著他並用掌在你臂上重重地拍打一下，以示親愛，並藉以發洩闊別之情。筆者即被他打了一下，臂被打的好痛，忍不住地也

立即回了他一下，他即說：「好痛、好痛、你打的太重了。」隨後又補充一句：「不痛不親熱。」頑童之氣，油然而生；純眞之情，自然流露。這就是眞正的草鞋之情。赤子之心未泯，誰說我們老了?!記得宋代詞人辛棄疾曾在永遇樂詞中寫道：「憑誰問：廉頗老矣，還能飯否？」此種詞意，與今日情景，實有同感。諸如此類情形甚多，這些也只有在同學會中才看得到。筆者建議同學們在每次同學聚會時，都應儘可能地參加，可能會使你年輕許多，比吃藥打針、拉皮整容還有效。

廿一時許散席，北部地區同學各自返家。中南部同學遊覽北市夜景後，住宿英雄館，準備明（十七）日一同遊覽石門水庫與桃園等地風景名勝。

六月十七日六時，同學們已齊集英雄館，七時分乘三輛遊覽車向大溪方向行駛。經桃園時又有一批同學上車，十時許到達慈湖謁校長陵寢。哲人日已遠，典型在夙夕，校訓永遠在，古道照顏色。

十一時到石園餐廳，休息片刻，準備午餐，由會長馮同學請客。今天遊覽人數比昨天少了一點，席數共爲一十二桌，全是由石門水庫中取出的上等好魚作菜，碗碗都是魚，只是作法不一樣，味道也各具特色，可以說是一次魚餐，戰國時，孟嘗君好客，食客中有馮煖者，彈其劍歌曰：「長鋏歸來乎，食無魚。」孟嘗君食之以魚，後馮煖爲之取得薛地爲國。今馮同學好客，亦食之以魚，實不讓孟嘗君專美於

前。又年節食魚，象徵年年有餘；今碗碗是魚，也象徵我們人人有餘，同學們大快朵頤，吃的不亦樂乎。馮同學偕著笑容可掬的夫人每桌敬酒，熱情洋溢，好像又是馮府在辦喜事。

午餐後，休息片刻，到石門水庫參觀，此時已是十二時四十分，因時間緊促，故未下車，只是走車看花似地巡禮一遍。然後沿著亞洲樂園直至龍潭，在龍潭停留了約半小時，除遊覽湖面水光外，並參觀潭中島上的南天宮古廟，此廟所供主神是一位典型的軍人，他就是義薄雲天、千秋敬仰的關雲長。今天我們面臨時，也都肅然起敬，鞠躬為禮。

提起關公，就聯想到劉關張，更推測他們可能也都是我們早期軍校畢業的老大哥。因為他們已領悟到「親愛精誠」的校訓。由於此一校訓，他們締造了桃園結義；由於此一校訓，他們得以平賊、撥亂，三分天下。而且張飛「老大哥」，還特別珍惜草鞋情誼，所以他有時候也穿草鞋。此點，在戲中，可以得到證實。信不信由你。

十五時許，中南部同學開始南返。北部同學亦起程北歸。互道珍重，依依之情，只有默默寄再見希望於下次聚會。

此次同學會，參加的情形相當熱烈。中南部同學專程北上，並有幾個同學遠程偕同夫人前來，實在難能可貴。如羅、何兩位同學平時很少帶夫人北上赴會，此次是筆者第一次見到兩位夫人參加。

　　再談到抱病參加的同學情形：鄭同學雖是抱病參加，談笑間猶精神抖擻。王同學剛從醫院出來不久，即按時赴會。陸同學由其夫人帶著拐杖扶持走動。于同學更是坐著輪椅由其夫人推著行走。他們的參加，不僅表現了親愛精誠精神，更看到了同學們夫婦鶼鰈情深的一面。于同學平時對同學的貢獻很大，記得本期同學會在台開始活動，最早是 1941 年由于同學在高雄所召集的。當時只有高雄要塞、砲三團、砲八團等單位的幾位同學參加，筆者當時也曾躬逢勝餞，于同學可以說是本期同學會活動創始會長。如今他坐著輪椅來參日，能不令人感佩?!

　　昨天馮同學在表揚抱病參加的同學時，羅同學對筆者說：「潘同學好像也是抱病參加的。」筆者爲求證實，特地走訪潘同學，潘同學即非常緊張地立即否認說：「何協君，我的身體好得很，你不要替我胡寫亂寫的。」談到此，又聯想到還有幾位想來參加而因病無法前來的同學，於我心就有戚戚焉。我們除了對他們寄以無比的關懷與掛念外，並祝福他們早日康復。

　　此次同學中，我們也發現了一位孝子，那就是楊同學，楊同學夫人也是一位非常孝順的媳婦。據悉，去年九至十月間，他們夫婦歷盡千辛萬難，從大陸貴州將母親接到香港，爲了替母親辦理入台手續，他們又陪伴母親在香港旅社住了一個多月，才將母親接到台灣奉養，這次同學會，又陪著母親前來參加。在兩天的活動中，楊同學夫人一直陪伴母親，

寸步不離，侍候倍至，孝行感人，這在同學中是值得讚揚的。

　　總之，這次校慶紀念活動，相當成功，我們謹以萬分謝意，向籌備此次活動的幹事會致敬。

大武點滴

1949 年四月筆者從南京突圍之後，六月輾轉到達衡陽，參加砲三團在衡陽招生的單位，協助招募學兵，八月來到台灣，在屏東大武營砲三團任副連長，後來擔任第九連連長。砲三團當時是個新成立的部隊，在學術、作風及對國家的貢獻上，至今猶有值得懷念的地方。特將日常點滴分述幾項如次：

1. 碼兵改革中的無名英雄：

我國砲兵射擊，一向是採用德式射擊遠隔一、二、三法，火砲進入陣地後，射擊指揮全靠連長在第一線觀測彈著，再計算修正諸元，指揮後方火砲射擊，此有幾點困難：一是連長身處危險的第一線，心情緊張，怎能正確計算射擊諸元？二是遠隔射擊法計算費時，往往不能抓住戰機。後雖改為大Ｔ法與小Ｔ法，又改進為方向夾差及距離夾差法，終不理想。砲三團直接翻譯美國砲兵射擊教範，首先採用美式方眼射擊法，第一線觀測彈著需要修正的方向及距離，由前進觀測官 Forward Observer (FO) 報告。一切射擊諸元，都由後方射擊指揮所 Fire Direction Center (F. D.C.) 計算修正，指揮火砲射擊。較德式射擊法簡單迅速，容易發揮時效。在戰術方面，德式砲兵運用，是以連為火力單位，美式則以營為火力單位（連亦可單獨戰鬥），且

能結合更多火力單位，而發揮火力集中效果。自從砲三團採用美式方眼法（grid system）之後，全國砲兵無論是教育機構或部隊，都紛紛隨之改革，至此砲兵學術爲之一新。砲三團對國家確有很大貢獻。歷史沒有記載，政府、國軍都已遺忘，砲三團實是無名英雄。就像砲兵作戰綱領中「奇襲」與「集中」兩個原則，是筆者根據戰術及親身體認八二三實戰經驗，在砲校執教編纂典範時寫的，每次修編，條文照抄，相信會繼續傳下去，又有誰知道這是誰寫的?!

2. 晨跑五千米：

砲三團很多作風與其他部隊不同。以晨操爲例，一般部隊早晨都是先洗漱，再集合、點名，成隊跑步或體操。砲三團每晨起床後，並不集合，即各別由營房出發，沿著馬路向九曲堂方向長跑，再由九曲堂橋折返繼續跑回營房，來回五千公尺。九曲堂橋有人清點人數，營房大門口也有人記錄返回時間。到達營房後，再刷牙、洗臉，正式著裝，準備早餐。這種方式，旣活潑、又能鍛鍊體力，更能養成快速觀念。當年惜未參加奧運長跑，若然，紀政小姐得了『飛躍的羚羊』雅號，我們應是『迅雷的獵豹』。

3. 斗笠、赤膊、短褲

砲三團的服裝亦甚特別，平常是拿破崙式又像鋼盔的竹製小圓斗笠，紅黃色的大翻領上衣及草綠軍褲，看起

來，雄壯、活潑、美觀。野外演習是戰鬥裝備。操場訓練時有上空演出，除營級以上幹部外，一律是斗笠、赤膊、黑紅短褲。因成員都很年輕，經得起太陽照射，全身都變成古銅色的鐵人。以防紫外線立場說，對皮膚似有不妥。但以戰力衡量，確已成了名符其實的鋼鐵部隊。

4. 頓時成了明星

砲三團採用美式方法訓練成功之後，除國防、陸總等上級單位常來參訪研究之外，全國砲兵部隊，都輪流派員前來學習，砲三團爲使全國砲兵都能進步，不斷的演習，供其參觀，並詳加解解說。每次外賓來訪時，只要是參觀部隊，砲三團一定是主角，當時經常演練的 F.D.C.、連戰鬥教練及營實彈射擊等三個項目的票房記錄，不亞於電影任何名片。作爲演員的我們，頓時成了明星。雖然有些勞累，但看到成果，也甚感欣慰。最佳導演，當然是團長。

5. 一個沒有號角聲的午後

砲三團的作息，都以號聲爲準。全團一個號兵，按時吹奏操縱我們生活起居的號音。收操、睡覺，是悅耳的聲音。起床、出操，是討厭的聲音。尤其是在整天操練、體力甚倦時，午睡片刻是最大享受。偏偏那個該罵的號兵從不生病，也不請假，更不誤時，總是在午睡最甜的時候，吹來一陣惱人的聲音。當時我們眞想建請團長將午後號音

改以小提琴代替，可能不會惱人。記得有一天午後，習慣的生理時鐘告訴我們已到了起床時間，卻一直沒有聽到號音，我們從甜蜜的夢中，慵倦地醒來，原來外面下著滂沱大雨。大概是團長的德政，叫號兵今天午後不要吹號，犒賞我們一個下午的雨休，真是功德無量。筆者當時順手在筆記本上寫了四句詩：

　　一枕團圓夢，雙親知不知？

　　高樓午睡穩，窗外雨奔馳。

　　要不是這首小詩，今天也不會記得當時的那些實情實景。

6. 多樣化的生活

　　砲三團在訓練之餘，娛樂活動也不少。除經常有勞軍晚會之外，過年過節，都有兵演兵唱的節目表演。砲三團士兵的素質很高，僅以三、六、九三個連來說，都是1949年在大陸招募的一批青少學生，以第九連最年輕，多才多藝，能演能唱能寫，壁報、漫畫、郵展、運動等活動，不斷舉辦。團內士兵後來很多考上軍校、幹校，財經學校，測量學校等，有些考取普通大學，得碩士博士學位者亦不少，他們無論在軍中或社會，都有很好的成就。

7. 砲三團的主要幹部及戰歷：

　　團內幹部，大多是軍校、軍訓班出身。軍校以廿期的

居多數。團長、副團長及一、二營營長都受過美式教育，所以在學術方面能蔚成革新風氣。

團長頭未禿、肚未凸，年輕瀟灑、英姿煥發，領導全團，生氣蓬勃。

副團長為人豪爽，笑容滿面，親和力強，記得有一次率領我們九個戰砲連長偵察陣地，共乘一輛小箱型車，走的是山區土路，因剛下過雨，泥濘不堪。上坡時車輪陷入泥坑打滑，無法上去，副團長即豪情地說：「你們九位和我共十人的年齡加起來，沒有超過三百歲，發出的熱力，正如中午太陽，還有什麼困難不能解決？現在車子上不了坡，抬都要把它抬上去。」我們即一起下車，一鼓作氣地把車子從泥坑中推上了陡坡，這就是副團長豪語所激發出來的力量。

政戰部主任口才奇佳，講話時引經據典，對士氣鼓勵很大，尤其他所引用一些名句，如「胡馬依北風，越鳥巢南枝」以及「扮穿胡服學胡語，站在城頭罵漢人」等等，都用得恰到好處，令人回味。

砲三團成立不久，即派一個營，由一位傑出的營長率領，赴福建作戰，後因時局轉變，奉令撤返台灣，當時有一位責任感非常強烈的連長，因為殿後照顧部隊撤離，自己卻來不及上船，後經各種危險、困難，輾轉由香港返台，其忠貞愛國之心，實堪敬佩。

另有第三營第七連參加金門保衛戰，在古寧頭大捷中

也發揮了砲兵火力骨幹的神威。

8. 夜幕低垂的大武營：

　　大武營房是一個兩層樓多棟相連的鋼筋水泥建築，在台灣是第一流的營房，範圍很廣，可供兩個砲兵團居住、訓練及活動。營區內有很多高大的鳳凰木樹。東方遠處天清氣爽時，隱約可以望到大武山影。環境幽美，且有一個可以集合一個師的大操場，四周都是樹木。東北邊緣還有幾排柳樹。我們除野外演習及實彈射擊外，都在此訓練及活動。每當夜幕低垂、星斗燦爛時，白天生龍活虎的大武營，此時一片寂靜，團部門前也只有幾桿路燈在樹影中明滅。官兵在一天操練之後，晚間常在此欣賞寧靜夜景，一則可以輕鬆身心，消除一天的疲勞；二則可以疏洩一下思鄉之心。筆者當時曾有一首寫實的詩：『寒露凝營柳，寂寥寧夜思，東山月影上，歸雁何遲遲？』

　　砲三團誕生了、茁壯了，像流星一樣，在天空中劃出一道燦爛的光輝後，過去了。今已時隔數十年，物換星移，事過境遷，緬懷往事，不勝唏噓。最後以三國演義上的一首詞來作結語：『滾滾長江東逝水，浪花淘盡英雄，是非成敗轉頭空，青山依舊在，幾度夕陽紅。白髮魚樵江渚上，慣看秋月春風，一壺濁酒喜相逢，古今多少事，都付笑談中。』

　　不，我要再加兩句：『功績在國家，長留回憶中。』

My Home Town

In the southern part of Hsien-Tao(仙桃) district Hupei province, there is a rich village called Yang-Lin(楊嶺). It is my native place.

My home was located on the southern bank of a small river in which the water flowed to east from west. Over the river there were several bridges for the people to cross the river. On the banks grew many willows (rose willow) and other kinds of tree. The scenery was really gentle. Especially in spring, willows along river waved their long branches and diffused their little flowers and sweet; water flowed ceaselessly under the bridge; breezy wheat-field looks like sea-waves and vegetable flowers diffused their sweet on the air. This was the best attractive scenery of my native place.

The people lived there numbered about five hundred. There was a primary school for their children's education. In where I also studied for several years before. The great parts of inhabitant were sincere farmers. In the busy farming season, they usually began their work in the field at dawn and came home to rest at sun-set. Winter was their resting season. They enjoyed the harvest at home with their family or played some games in the village. During the new year of lunar calendar, every family was very busy and very happy to do something for celebration, well-wishing and to call on each other. It is a very good custom for it can increase friendship between them.

To the east about two miles from the village, there is a small town called Yang-Shu-Feng(楊樹峰) in where daily necessities could be bought. So the people living in Yang-Lin were very happy and everything was convenient in their life.

Up to now, I have left my home for sixteen years, There were my grandmother, parents, younger sister and younger brother. Since coming to Taiwan in 1949, I have never received any letter from my family. I really miss them very much. Especially, I don't known when and how can I reward anything to my parents and grandmother for what they had done for me!

附記：

1963 年我在外語學校讀書時，曾用英文寫過十幾篇文章，其中一篇就是 My Home Town。文章雖不好，故鄉真可愛，現在刊在這裡，以便能時常重溫兒時故鄉的美夢，聊慰思鄉之心。尤其在原鄉早已不復存在的情形之下，更可避免永遠忘記故鄉。

如問我故鄉在那裡？我的故鄉就在這篇文章內。

這裡小橋流水，楊柳依依，很像我生長的地方。

編後語

完成本書後，我禁不住要說明幾點：

1. 本書得以順利完成，得力於我的內人陳森（玉昭）女士者很多！

　A.她把家中一切掌理得很好，使我勿後顧之憂，得以專心寫作。

　B.她對書中有好幾處，曾提出寶貴意見，讓我得以立即修正。

2. 寫稿時，有一些資料及圖片等，須臨時補充，都由我的長女詠梅蒐集打印完成。

3. 書稿的整理及校對，得力於陳永麟、陳必大、高瓊樓三位先生的協助，特此致謝。

4. 各位讀完本書後，不知感受如何？如無心得，請再讀一遍；如稍有一點心得，則請立即付諸實施。記著，凡事必須實行，才有效果；如不實行，理想再好，計劃再週，都無法成功。

實行靠自己，力行可得答案。即知即行，是成功的讀者，可拭目以待。

凡　仙 7.21.2005

國家圖書館出版品預行編目資料

如何掌理方向 / 凡仙著.-- 初版.-- 臺北市：
文史哲, 民 95
　　頁：　　公分
ISBN 957-549-667-1（平裝）

1. 論叢與雜著

078　　　　　　　　　　　　　　95008441

如 何 掌 理 方 向

著　　　者：凡　　　　　　　　　仙
　　　　　　電　　話：（02）22921091
出 版 者：文 史 哲 出 版 社
　　　　　　http://www.lapen.com.tw
登記證字號：行政院新聞局版臺業字五三三七號
發 行 人：彭　　　正　　　雄
發 行 所：文 史 哲 出 版 社
印 刷 者：文 史 哲 出 版 社
臺北市羅斯福路一段七十二巷四號
郵 政 劃 撥 帳 號：一六一八○一七五
電話886-2-23511028・傳真886-2-23965656

實價新臺幣二八○元

中 華 民 國 九 十 五（2006）年 四 月 初 版